新伝記

平和をもたらした人びと

6

徴《ちょう》兵《へい》をこばんだ最強のボクサー
モハメド・アリ

文／金治 直美

新伝記

平和をもたらした人びと❻

モハメド・アリ

もくじ

モハメド・アリって何をした人？

（1942 ～ 2016 年）

アメリカ合衆国《がっしゅうこく》ケンタッキー州ルイヴィル出身のプロボクサー。出生名はカシアス・マーセラス・クレイ・ジュニア。1960 年、18 歳《さい》の時にローマ・オリンピックのボクシング競技《きょうぎ》で、ライトヘビー級の金メダルを獲得《かくとく》。プロに転向後、22 歳《さい》で＊1 ＷＢＡ《ダブリュビーエー》とＷＢＣ《ダブリュビーシー》の世界ヘビー級統一王《とういつおう》座《ざ》を獲得《かくとく》してヒーローとなった。

当時、アメリカ合衆国《がっしゅうこく》は、本格的《ほんかくてき》にベトナム戦争に参戦していたが、彼《かれ》は徴兵《ちょうへい》を拒否《きょひ》。ボクサーのライセンスを失いながらも政府《せいふ》と争い続けた。そのため彼《かれ》は、反戦運動のシンボルとして人びとからたたえられた。

＊1　WBA《ダブリュビーエー》と WBC《ダブリュビーシー》の世界《せかい》ヘビー級統一王座《とういつおうざ》…統一《とういつ》王者については 41 ページを参照《さんしょう》。

モハメド・アリ

～徴兵《ちょうへい》をこばんだ最強のボクサー～

プロローグ

文／金治　直美

「ルディ、おれに石をぶつけてみろよ！」

小学生のカシアスは、一歳《さい》半年下の弟ルドルフ（ルディ）に命じた。二人は、となりの家との間の狭《せま》いすきまで遊んでいた。

「えーっ、兄ちゃん、なんで？　いいの？」

「いいさ。本気でぶつけるんだぞ。おまえにできるものならな。」

「よーし、当ててやるぞ。」

ルディは地面から小石を拾いあげ、ヒュッとぶつけてきた。立て続けに二発、三発、四発。

しかし、カシアスは飛んだりはねたり、さらに右や左に体をそらして、ひょいひょいと石をかわした。ルディが力いっぱい、何十回と投げても、小石は一発も当たることがなかった。

そう、ボクサーが、敵《てき》のパンチを軽々とかわすように。

一九五〇年代のアメリカ。カシアスにとって、毎日暗くなるまで弟や近所の子どもたちと遊び回っていた、楽しい少年時代だった。

しかし、彼《かれ》らはみな黒人の子どもであり、未来は希望にあふれるものではなかった。当時このアメリカ合衆国《がっしゅうこく》で、輝《かがや》かしい将来《しょうらい》を思い描《えが》ける黒人は、おそらく一人もいなかったろう。

一九五四年。アメリカからはるか離《はな》れたアジアの国、ベトナムが、北緯《ほくい》十七度線を境《さかい》に、北ベトナムと南ベトナムの二国に分裂《ぶんれつ》した。それが、カシアス少年にとってどんな意味を持つのか、もちろんわかるはずもなかった。

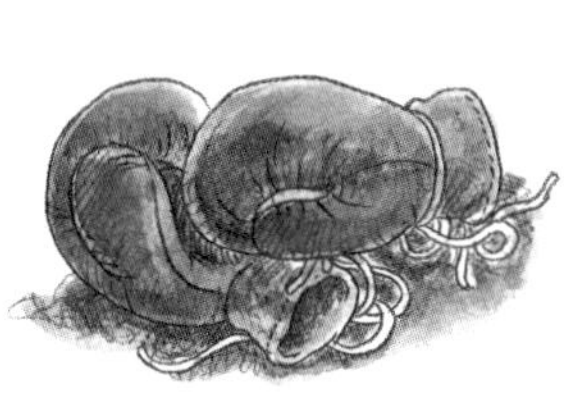

第一章
盗《ぬす》まれた自転車

※いたずら兄弟

カシアス・マーセラス・クレイ・ジュニア、のちのモハメド・アリは、一九四二年一月十七日、黒人の一家の長男として生まれた。翌年《よくねん》、弟のルディ（ルドルフ・アーネット・クレイ、のちのラハマン・アリ）も誕生《たんじょう》した。一家が住んでいたのは、アメリカ合衆国《がっしゅうこく》中東部、*1ケンタッキー州ルイヴィル。曽祖父《そうそふ》は、白人に仕える奴隷《どれい》だったそうだ。

父は看板《かんばん》画家で、ペンキで街中の看板《かんばん》を描《か》いていた。母はバスに乗って白人家庭へ行き、使用人として働いていた。仕事が終わるとその日受け取った日給で食料品を買《か》い込《こ》む。残るのは

アメリカ中部～東部

＊1 ケンタッキー州ルイヴィル…ケンタッキー州はアメリカ合衆国《がっしゅうこく》中東部にある州。ルイヴィルはケンタッキー州の北中部にある都市（左の地図参照）。

翌日《よくじつ》のバス代だけだった。服や靴《くつ》は、慈善《じぜん》教会からもらってきたものが大半だった。

　雨もりのする小さな家には、ペンキのにおいがしみついていた。それを、母の作る煮込《にこ》み料理やチョコレートケーキの香りが、おおってくれた。母はきれいな高い声の持ち主で、「バード（鳥）」と呼《よ》ばれていた。日曜日には信心深い母に連れられ、教会に通う。豊《ゆた》かではないが、飢《う》えることもない暮《く》らしだった。

　カシアスとルディは、仲のいい兄弟だった。幼《おさな》いルディが悪さをしたので、母がおしりをたたこうとすると、カシアスが飛んできて母の手をつかんだ。

「ルディはぼくのベビーなんだから、たたいちゃだめ！」

　二人は元気いっぱいのいたずらっ子に育った。シーツをかぶって「お化けだじょー！」と、暗がりから飛び出して母をおどろかせるのは、いつものこと。

ケンタッキー州

「ウウウ～～ウ～ウ～ウ～～～」

　街にパトカーのサイレンが響《ひび》く。走っていた車が止まり、窓《まど》から運転手が顔を出してパトカーを探《さが》し、首をかしげている。カシアスとルディがへいのかげで、げらげら笑いだす。サイレンの音は、二人がよく響《ひび》く声でまねをしていたものだった。

　近所には子どもがたくさんいて、みんないい遊び仲間でありいたずら仲間だった。カシアスは、小さいころからガキ大将《だいしょう》、みんなのリーダーだった。

　ただし、そこに白人は一人もまじっていなかった。

❖「キリストは白人だ」

ルイヴィルは、ケンタッキー州の州都ではないものの、最大の都市だ。そのわりには静かで清潔《せいけつ》、犯罪《はんざい》も比較的《ひかくてき》少ないところ。けれども、黒人差別は当たり前のことだった。

黒人をはじめとする有色人種差別は、アメリカじゅうに存在《そんざい》していた。黒人は白人の顔色をうかがい、少ない賃金《ちんぎん》で働かされ、小さな貧《まず》しい家に住むしかなかった。

カシアスやルディたち黒人の子どもは、幼《おさな》いころから「足を踏《ふ》み入《い》れてはいけない場所」を知るようになった。白人が暮《く》らすエリアと、黒人が住むエリアは、きっちりと分けられていたのだ。

カシアスの家も、街の西外れの黒人ばかりが住む一角にあった。さらに、学校、レストラン、食料品店や雑貨店《ざっかてん》、映画館《えいがかん》、教会、児童公園など、ほとんどの建物や施設《しせつ》は白人用と黒人用に分けられていた。黒人が白人のエリアに一歩でも足を踏《ふ》み入《い》れると、「黒人は出ていけ!」とどなられた。

カシアスたち子どもにとって、差別をもっとも手ひどく思い知らされるのは、ルイヴィルの遊園地だ。白人専用《せんよう》だった。

遊園地のなかでは、きゃあきゃあと叫《さけ》ぶ声とともに、ジェットコースターが疾走《しっそう》している。カシアスたちは、フェンスの外からしょんぼりとながめるしかなかった。白人家族の笑い声を聞き、焼けた牛肉のいい匂《にお》いをかぎながら。

(なぜ、こんな思いをしなくちゃいけないんだ? パパは絵描《えか》きだ。パパの絵は教会にだって飾《かざ》られている。でも、その絵のキリストは白人だ。天使も白人だ。おれたちの教会に集まるのは黒人ばかりなのに。)

カシアスが十三歳《さい》のとき。むごい事件《じけん》のニュースが流れた。十四歳《さい》の黒人少年が、白人のリンチにあい殺《ころ》されたのだ。彼《かれ》の名は、エメット・ティル。イリノイ州シカゴから、アメリカ南部ミシシッピ州の親戚《しんせき》のところに遊びに来ていた。

南部の州は、黒人差別が激《はげ》しいことで知られている。それなのに、エメットは白人専用の店に入っていった。そして、若《わか》い女性《じょせい》店員に「じゃあね、ベイビー」と軽口をたたいたとされ、その女性《じょせい》の夫たちになぶり殺《ごろ》しにあった。しかも、被告《ひこく》は裁判《さいばん》であっさり無罪《むざい》となった（エメット・ティル事件《じけん》）。

自分とほぼ同じ歳《とし》の少年の悲劇《ひげき》に、カシアスは強いショックを受けた。

「殺《ころ》したやつが無罪《むざい》？　白人というだけで？　これがこの国のやり方なの？」

そんな思いを親たちや大人たちにぶつけても、答えが返ってくることはなかった。

❖けんかのやり方

カシアスが十二歳《さい》のときのこと。秋の午後、彼《かれ》は友人と自転車を乗り回していた。父に買ってもらったばかりの新品で、ルディと二人乗りをしていた。雨が降《ふ》ってきたので、三人は*1公会《こうかい》堂《どう》にかけこんだ。そこでは、黒人向けに家庭用品の展示会《てんじかい》が行われていて、ポップコーンやキャンディを無料で食べられた。

カシアスたちはむしゃむしゃ食べながら歩き回り、そのうちに午後七時、家に帰る時刻《じこく》を過《す》ぎていた。外はまだどしゃ降《ぶ》りの雨。もっと悪いことには、カシアスの自転車が消えていた。

「ない！　おれの自転車はどこだ!?」

三人は雨のなかをさがし回ったが、見つからない。

「盗《ぬす》まれたんだ！　どうしよう……。」

カシアスは泣き出した。

（パパになんて言おう。やっと買ってもらった自転車なのに。）

＊1 公会堂《こうかいどう》…公衆《こうしゅう》の会合のための建物。

＊2 サンドバッグ…上からつるしてパンチなどの練習に使う袋状《ふくろじょう》のバッグ。砂《すな》以外のものが入っていることが多い。

＊3 パンチングボール…パンチの練習に使う、上部が固定されたボール。

＊4 シャドウ・ボクシング…相手を想定して一人で行うボクシングの練習。

通りかかった人が、しょげ返った少年たちに声をかけてくれた。

「おまわりさんに相談《そうだん》してみな。公《こう》会堂《かいどう》の地下に警官《けいかん》がいるから。」

公会堂《こうかいどう》の地下には、少年たちが初めてみる光景が広がっていた。汗《あせ》のにおい。なわとびの音、サンドバッグ[*2]やパンチングボール[*3]をたたく音。シャドウ・ボクシング[*4]をする少年たち。黒人も白人もいっしょに、激《はげ》しく動いていた。

そこはボクシング・ジムだった。

白人の男性がコーチをしていた。ジョー・マーティンという警官《けいかん》だ。

「おまわりさん！　おれの自転車が盗《ぬす》まれた！」

カシアスが泣き顔のまま訴《うった》えると、

「じゃ、盗難届《とうなんとどけ》を出してやるよ。」

マーティンは用紙を出してきて、カシアスのいうことを書《か》き留《と》めてくれた。

カシアスは、こぶしをぎゅっとにぎりしめた。

「くそっ！　犯人《はんにん》を見つけたら、ぶちのめしてやる！」

マーティンは静かにほほえんだ。

「まあ、落ち着けよ。ぶちのめしに行く前に、けんかのやり方を覚えたほうがいいぞ。どうだ、ボクシングをやってみないか？」

カシアスはそのころ、決まったスポーツをしていたわけではなく、体重は四十キロほどでひょろひょろしていた。

（ボクシングか……。やってみようかな。）

カシアスは毎日、学校のあとにジムに通うようになった。

「ねえ、スパーリング*1しようよ。」

あるとき、カシアスは年上の少年にいどんだが、あっというまにパンチを浴びてふらふらになってしまった。

(こんな打ち方じゃだめってことか！)

カシアスはマーティンから基礎《きそ》を教わり、トレーニングに打《う》ち込《こ》んだ。

わずか一か月後、マーティンに肩《かた》をたたかれた。

「カシアス、よくなってきたぞ。試合に出してやる。」

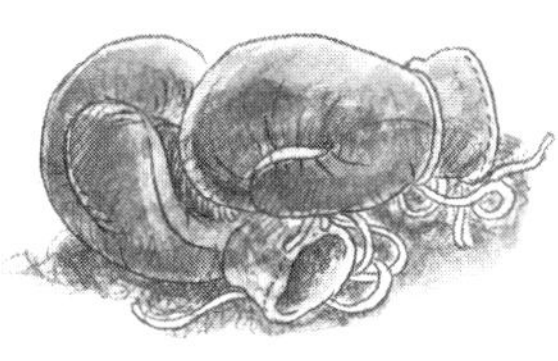

*1 スパーリング…ボクシングの練習の一形式。防具《ぼうぐ》をつけて試合形式で行うことが多い。

生まれてきたわけ

　そのころ地元ケンタッキー州のテレビ放送に、「明日のチャンピオン」という番組があった。毎週土曜日、[*1]アマチュアボクサーの試合を放送するもので、マーティンはそこに選手を送《おく》り込《こ》んでいた。試合に出た選手は三ドルのファイトマネー（試合の報酬《ほうしゅう》）がもらえる。

（おれ、テレビに映《うつ》るのか！　しかもお金をかせげるなんて。）

　カシアスは鏡の前で、シャドウ・ボクシングをした。切れ長の大きな目、形の整った濃《こ》いまゆ。彼《かれ》は父ゆずりの端正《たんせい》な顔だちをしていた。体はまだ細いものの、手足は長い。

アマチュアボクサーとしてデビューしたころのカシアス・クレイ。
（写真：アフロ）

（おれって、イケてるよなあ！）

カシアスは自分が大好き、目立つことも大好きだったのだ。

一九五四年十一月、カシアスは初めての試合にのぞんだ。

一ラウンドは二分（現在では三分）、三ラウンドのみの試合だ。

対戦相手はほぼ同じ歳《とし》の白人少年だった。

（リングの上では、黒人も白人もない。強いやつが勝つ、それだけなんだ。）

試合の勝敗は、三人の審判員《しんぱんいん》が決める。カシアスは、二対一の判定勝《はんていが》ちで、アマチュアでのデビュー戦を飾《かざ》った。

（おれ、もっともっと強くなりたい。）

カシアスはボクシングにのめり込《こ》んでいった。ランニングも始めた。バス通学だったので、登校時にバス停までは行く。しかし乗車しないでバスの横にぴたりとついて、学校まで走るのだ。停留所《ていりゅうじょ》でバスが止まると、カシアスも足を止める。窓《まど》か

＊1 アマチュア…芸術《げいじゅつ》・スポーツなどを、職業《しょくぎょう》としてではなく、趣味《しゅみ》として愛好する人。

ら学校仲間が顔を出し、

「カシアス、がんばれ！」

「行け行け！」

と声をかけてくる。

目立ちたがりのカシアスにとって、これは楽しいトレーニングだった。

始めのうち、カシアスはそれほど目立つ選手ではなかった。しかしジムのだれよりも練習熱心であり、だれよりもファイティング精神《せいしん》[*1]があった。たとえノックダウン[*2]されても、すぐに起き上がった。

そして、すばらしい反射神経《はんしゃしんけい》を備《そな》えていた。相手のパンチをかわすには、普通《ふつう》なら飛《と》び退《の》くところを、カシアスは頭や体をほんの数センチ、さっと動かすだけだけ。

そのため、カシアスのファイティングポーズは、独特《どくとく》なもの

---

*1 ファイティング精神《せいしん》…積極的に戦おうとする気力。
*2 ノックダウン…ボクシングの場合、相手のパンチを受けて足の裏《うら》以外の部分がリングにつくこと。単にダウンともいう。

となった。両手を顔の前まで持ち上げて顔と頭をガードするのが、ボクシングの基本《きほん》だ。

だが、彼《かれ》はそれを無視《むし》し、上体を動かしやすいように両手を下げたまま。そして、敵《てき》に顔面をねらわせ、パンチをすっとよけて空振《からぶ》りさせる、という戦法だった。

ボクサーは、パンチが空振《からぶ》りに終わると、ひどく体力を消耗《しょうもう》する。

彼《かれ》はそうして相手のスタミナを奪《うば》いながら、ジャブ[*3]を連発した。カシアスのジャブは目にとまらないほどのスピードがあり、相手はこれをよけるのが精《せい》いっぱいとなる。そこに切れのいいパンチをたたき込《こ》み、勝利をつかむ。

（おれにはレーダーが内蔵《ないぞう》されている。）

カシアスはそう感じていた。

動体視力[*4]《しりょく》も抜群《ばつぐん》だった。

＊3　ジャブ…強さよりもスピードを重視《じゅうし》して小刻《こきざ》みに打つパンチ。

＊4　動体視力《しりょく》…動いているものを見きわめる力。

どのタイミングで、何センチ頭を動かせばパンチを受けずにすむか。いつフック*1やストレートパンチ*2を放てば、相手にダメージを与《あた》えられるか。彼《かれ》は、瞬時《しゅんじ》に判断《はんだん》することができた。

カシアスは思いだした。小学生のころ、よく朝早く起きて玄《げん》関《かん》のポーチに座《すわ》りこんでいたことを。

「自分は何かをするために生まれてきたんだ。

それは何だろう?」

と考えていたのだ。

(ようやくわかったよ。ボクシングだったんだ!)

*1 フック…自分の外側から内側に、曲線を描《えが》くように水平に打つパンチ。

*2 ストレートパンチ…腕《うで》をまっすぐ前に突《つ》き出《だ》すように打つパンチ。

※めざせ、チャンピオン

　カシアスは月に二度ほど試合に出場し、ほとんど勝利した。地方に遠征《えんせい》して試合することもあった。両親と弟は、地元での試合はいつも見に来てくれた。試合のあとは、母の作るミートローフの夕食が待っていた。

　アマチュア時代のカシアスは、八十二勝（うち、二十四KO《ケーオー》[*3]勝ち）、八敗という活躍《かつやく》だった。

　父はいつもうれしそうにいった。

「おまえは、未来の世界ヘ[*4]ビー級チャンピオンだ！」

　カシアスもふざけて、たびたび叫《さけ》んだ。家で、学校で、ジムで。

「おれは最高だ！」

「おれは偉大《いだい》だ！」

「世界ヘビー級チャンピオン、カーシアス・クレーイ！」と。

＊3　KO《ケーオー》勝ち…相手をパンチで倒《たお》して勝つこと。レフェリーが試合を止めることもある。

＊4　ヘビー級…ボクシングは体重で階級が分かれているが、プロボクシングでは最重量の階級。

世界ヘビー級チャンピオン[1]。ほとんどがアメリカ国籍《こくせき》のボクサーで占《し》められ、地上最強の男とされた。アメリカの力の象《しょう》徴《ちょう》であり、ヒーローだ。ファイトマネーもけたはずれに多かった。そして、黒人選手も数多く活躍《かつやく》していた。

（おれは学校の成績《せいせき》なんてぜんぜんだし、フットボールやバスケットボールの選手にもなれない。あれは大学に入らないと選手になれないもんな。でも、ボクシングがある！　世界ヘビー級チャンピオンになって、でかいクール[2]な車を買うんだ。両親に大きな家を買ってやる。

それに――そう、チャンピオンになれば、白人たちにぺこぺこしなくてもすむ。自由でいられるんだ！）

ハイスクール[3]に進学すると、カシアスの試合数は増《ふ》え、一か月に三回も出場するようになっていた。そのうえ、午後には四時間ほど、教会の雑用係《ざつようがかり》のアルバイト。もちろん、毎日のトレー

＊1　チャンピオン…プロボクシングでは所属団体《しょぞくだんたい》および階級で最も強い選手をチャンピオンと呼《よ》ぶ。そのためチャンピオンは複数存在《ふくすうそんざい》する。

＊2　クール…涼《すず》しい・かっこいいを意味する表現。

＊3　ハイスクール…日本の高校にあたる学校。年齢《ねんれい》や期間は州や学区によってちがう。

ニングも欠かさない。早朝にはランニング、夜にはジムでサンドバックやパンチングボールをたたき続けた。

一九六〇年。カシアスは全米《ぜんべい》のアマチュア大会で勝ち進み、ローマ・オリンピック参加をかけた選考会への出場資格《しかく》をつかんだ。

同じ年、南ベトナムでは「南ベトナム解放民族戦線《かいほうみんぞくせんせん》」が結成された。独裁政治《どくさいせいじ》をしいていた南ベトナム政府《せいふ》を倒《たお》すためだ。

しかし、南ベトナム政府《せいふ》には、超大国《ちょうたいこく》アメリカ合衆国《がっしゅうこく》という後《うし》ろ盾《だて》がついていた。

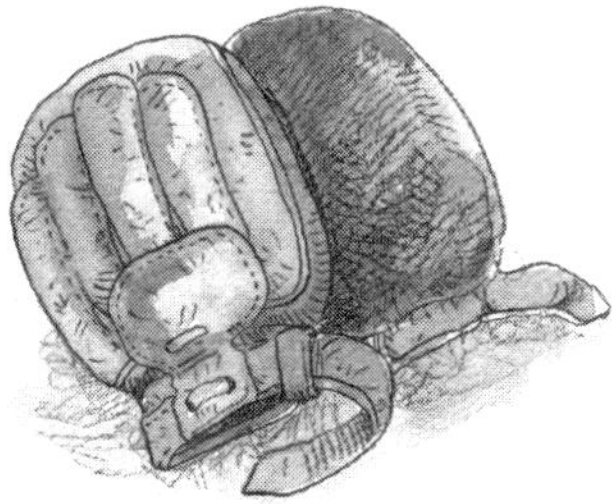

第二章 最強の男へ

❖オリンピックへの迷《まよ》い道

　カシアスはめずらしく困《こま》っていた。

「どうしよう……おれ、やっぱ、無理！」

悩《なや》んだ末、彼《かれ》はコーチのマーティンに、とんでもないことを告《つ》げた。

「おれ、行くのやめる。」

　オリンピック選手の選考会に出ないと言い出したのだ。会場は遠い西海岸のサンフランシスコ。飛行機で行かなければならない。

　実は、彼《かれ》は飛行機が恐《こわ》かった。以前に乗った飛行機が乱気《らんき》流《りゅう》に巻《ま》き込《こ》まれて以来、ひどい恐怖症《きょうふしょう》になっていた。

「なにを言ってるんだ！　そんな理由でチャンスを棒《ぼう》にふるのか。」

何時間もかかってマーティンに説得《せっとく》され、カシアスはなんとかサンフランシスコ行きの飛行機に乗《の》り込《こ》んだ。

（神さま！　どうか飛行機を落とさないでください。）

彼《かれ》は、座席《ざせき》に縮《ちぢ》こまりふるえていた。

しかし、無事地上に降《お》り立《た》ちリングに上がると、カシアスは無敵《むてき》だった。体格《たいかく》もこのころには一回りも二回りも大きくなり、ライトヘビー級[*1]での出場だ。順調に勝ち進み、決勝戦でも勝利して、オリンピックへのキップを手にした。

＊1　ライトヘビー級…ヘビー級よりも一つ軽い階級。

もう一つ手に入れたものがあった。こちらの方が難《むずか》しかった
かもしれない。それは、ハイスクールの卒業証書《しょうしょ》だ。
カシアスは、卒業できるかどうか危《あや》ぶまれていた。
彼《かれ》の成績《せいせき》は、ぱっとしたものではなかった。もともと本を読
むのが苦手で、一冊《さつ》を読み通すことはほとんどない。もちろん、
教科書を開いてもきちんと読んではいない。
さらにこの一年、ボクシングの試合のため出席日数が不足し
ていた。
「カシアスを卒業させるわけにはいかない。彼《かれ》がこの学校でや
ったことといえば、食堂《しょくどう》のランチを山ほど平らげたことと、
『おれはグレートだ！』とわめきながら、鏡の前でシャドウ・
ボクシングしたことだけじゃないか。」
そう言《い》い張《は》る教師《きょうし》たちを説得《せっとく》したのは、校長先生だった。
校長は、カシアスが口先だけではなく、こつこつと努力する

生徒であることを知っていた。毎日夜明け前からランニングを欠かさないこと、それも、わざと重たい鋼《はがね》の入った建築《けんちく》作業用の安全靴《あんぜんぐつ》をはいて走っていたことも、ちゃんと知っていた。

校長は、教室でいじめやケンカが起きると、校内放送で「カシアス・クレイを差し向けるぞ」と、アナウンスすることもあった。でも、カシアスが腕力《わんりょく》を使うのは、リングの上だけのこと。それをわかった上でのジョークだ。

校長は、カシアスの卒業に反対する教師《きょうし》たちに力説《りきせつ》した。

「カシアス・クレイがここの生徒だったことが、学校の名誉《めいよ》となる日が、きっと来るだろう。」

カシアスはなんとか卒業にこぎつけた。成績《せいせき》は、三百九十一人中三百七十六番というものだったが。

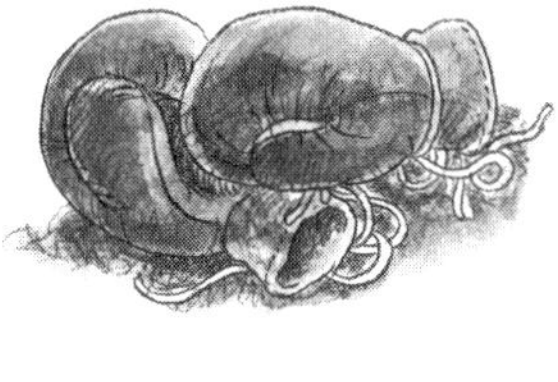

❖いろいろな肌《はだ》の色

晴れてオリンピックへ。

ローマ[*1]へ出発する前に、カシアスたち代表選手はニューヨーク[*2]で集合した。

生まれて初めてのニューヨークだ。ルイヴィルも都会だったが、ニューヨークとは比《くら》べ物《もの》にならない。そこで彼《かれ》はびっくりする風景に出くわした。

黒人男性《だんせい》が演説《えんぜつ》をしていたのだ。「黒人であることを引け目に感じるのはやめよう。誇《ほこ》りにしよう」と。それは、「ネーション・オブ・イスラム」という団体《だんたい》の信者だった。アメリカにおける黒人のイスラム教信者の団体《だんたい》だ。

「黒人が街中であんなことを！　やばいんじゃないか？　警察《けいさつ》につかまるぞ？」

ルイヴィルだったら、黒人が目立ったことをすれば、警察《けいさつ》が

＊1 ローマ…イタリア中央部にある都市でイタリアの首都。一九六〇年にオリンピックを開催《かいさい》した。

＊2 ニューヨーク…アメリカ合衆国《がっしゅうこく》北東部にあるアメリカ最大の都市。

飛んでくる。しかしここでは、警官《けいかん》は遠くに立っているだけだ。

(黒人でも堂々《どうどう》と自分の考えをしゃべっていいんだ……。)

ローマに到着《とうちゃく》し選手村*3に入ると、カシアスはまたびっくりした。

(こんなにたくさん、いろんな色の肌《はだ》の選手が集まっているなんて！　黒人、白人、アジア人……。)

カシアスは、カメラを首にぶらさげ選手村を飛び回った。写真を写すのも写されるのも、大好きだった。外国人アスリートに話しかけて写真をとらせてもらい、またいっしょの写真におさまった。

時にはいっしょにダンスをしにいった。おしゃべりで陽気で気さくなカシアスは、選手村の人気者となった。

(ここでは、おれが黒人であることも、金持ちの息子《むすこ》じゃないなんてことも、だれも気にしていない。こんなふうにみんな仲良くできるなんて、最高だよな！)

*3　選手村…オリンピック大会で選手・役員などが寝泊《ねと》まりする場所。

外国人記者の取材も喜《よろこ》んで受けた。

「アメリカでは、黒人は白人と同じレストランに入れないというのは、本当ですか?」

カシアスは正直に、「本当のことです。」と答えた。

「でも、それだけじゃ国の偉大《いだい》さは測《はか》れない。アメリカはすばらしい国だよ。アフリカに住んでワニにおびえたり泥《どろ》の中で暮《く》らすよりは、おれはルイヴィルのほうがいい。」

笑ってそう答えながら、カシアスはちくりと胸《むね》に刺《さ》さるものを感じた。

(ほんとうにおれは、そう思っているのかな? しかも、アフリカのことなんて、まるでわかっていないのに? おれのひいじいちゃんの故郷《ふるさと》なのに?)

カシアスは、初戦、第二戦と勝ち進み、決勝戦を迎《むか》えた。スピードではだれにも負けず、最終の三ラウンド目では、相手が一発

＊1 凱旋《がいせん》パレード…優勝《ゆうしょう》した人やチームが地元に帰ってするパレード。

打つあいだに三発のパンチを決めていた。勝敗はだれの目にも明らかだった。彼《かれ》は判定《はんてい》で勝ち、金メダルを獲得《かくとく》して表彰台《ひょうしょうだい》の真ん中に立った。

カシアスがルイヴィルの空港に帰ってくると、数百人の人びとが出迎《でむか》えてくれた。歓声《かんせい》に包まれて、二十五台の車で市内を凱旋《がいせん》[*1]パレードし、卒業したハイスクールで祝賀会が行われた。

家では、クリスマスでもないのに母がターキー（七面鳥《しちめんちょう》）を焼いてくれた。近所の人たちが、次々にお祝いにやってきた。

「カシアスおめでとう！」

1960年、ローマ・オリンピックのボクシング競技《きょうぎ》ライトヘビー級で金メダルを獲得し、選手村で取材を受けるアリ（中央）。（写真：アフロ）

「おまえはルイヴィルの誇《ほこ》り、いや、アメリカの誇《ほこ》りだよ。」

カシアスは、どこへ出かけるにも金メダルを首にかけ、寝《ね》るときもそのままだった。会う人みんなに金メダルを見せて、さわらせ、開けっぴろげに自慢《じまん》した。

「どうだい、おれって最高だろ？　次はいよいよプロボクサーだ！」

しかし、カシアスをへこませるできごとがあった。ある日、カシアスはレストランに入りオレンジジュースを注文した。

そこが白人専用《せんよう》の店であることは、わかっていた。

（でもおれは、オリンピック・チャンピオンだもんな。）

だが、レストランの店主が飛んできた。

「おまえに食わせるものはないぞ！　出て行け。」

ウェイター[*1]がかけつけ、

「この人は、オリンピックの金メダリストですよ。」

＊1 ウェイター…レストランなどで給仕の仕事をする人。

と、取りなしてくれたが、店主の態度《たいど》はかわらなかった。

「だれであっても、黒人に出す物はない。早く行け。」

カシアスはだまって店をあとにした。

（金メダルを取っても、なにも変わらないなんて――。）

彼は空をあおいだ。

（おれは、プロデビューして世界へビー級チャンピオンになる！　このアメリカで、差別につぶされずに生きるには、それが一番の早道だ。）

❖ルイヴィル・リップ

カシアスに、後援《こうえん》してくれる人びとが現《あらわ》れた。

大都会ルイヴィルには多くの企業《きぎょう》がある。その経営者《けいえいしゃ》たちが競うように、「ルイヴィルの青年をバックアップ[*1]したい」と、名乗りをあげたのだ。「ルイヴィル・スポンサリング・グループ」

＊1　バックアップ…人や団《だん》体《たい》の活動に、援助《えんじょ》をし、支《ささ》えること。

が立ち上げられ、試合を組んだり、スケジュール調整やファイ[*2]トマネーの管理などをしてくれることになった。

　このような好条件《こうじょうけん》でスタートできるボクサーは、当時はほとんどいなかった。多くの若《わか》いボクサーは、犯罪《はんざい》組織《そしき》などのあやしげな連中と取り引きしてファイトマネーを巻《ま》き上《あ》げられ、引《いん》退《たい》するときには無一文[*3]、ということも珍《めずら》しくなかった。

　だがカシアスはこのしっかりした後援《こうえん》グループにより、金の心配なく、ボクシングに打《う》ち込《こ》めることになった。

　身長百九十センチメートル、体重九十キロ、リーチ[*4]は二百センチ。さらにたくましくなったカシアスは、一九六〇年十月、ヘビー級のボクサーとしてプロデビューした。

　初戦の相手はタニー・ハンセイカーという白人で、六ラウンドを戦う。

　ルイヴィルのホールは、六千人の人でわき、地元の若《わか》いボク

＊2　ファイトマネー…16ページ本文を参照《さんしょう》。

＊3　無一文…金銭《きんせん》を少しも持っていないこと。

＊4　リーチ…両手を水平に広げたときの、指先から指先までの長さ。

サーを熱狂的《ねっきょうてき》に応援《おうえん》した。カシアスは判定《はんてい》勝ちでデビューを飾《かざ》った。

カシアスの快進撃《かいしんげき》が始まった。二戦目、三戦目、四戦目と次々に勝利をつかんだ。

カシアスの戦法は、アマチュア時代とほぼ同じだった。両手で顔回りをガードするのではなく、両腕《りょううで》を下げる。フットワーク[*1]は軽く、まるで踊《おど》るよう。相手のパンチは頭を少し引くだけ、あるいはすっと体を沈《しず》めるだけでかわす。空振《からぶ》りさせて敵《てき》の疲《つか》れを呼《よ》ぶ。カシアスの攻撃《こうげき》の要《かなめ》は、左ジャブの連打と、どこから飛んできたのかわからないほどの、ハイスピードでタイミングのいいパンチだ。

しかし、スポーツ記者たちは、このスタイルに批判的《ひはんてき》だった。ヘビー級のボクサーには、タップダンサー[*2]のような軽い動きはいらない。「キングコング[*3]」のように、大男たちががんがん打ち

＊1 フットワーク…球技《きゅうぎ》や格闘技《かくとうぎ》などでの足運びのこと。

＊2 タップダンサー…かかととつま先で床《ゆか》をたたくように、リズミカルに踊《おど》るダンス＝タップダンスを踊《おど》る人。

＊3 キングコング…一九三三年に公開された映画《えいが》に登場する巨大《きょだい》な類人猿《るいじんえん》。

合うパワーとタフさが見たいのだ、と。

（おれのやり方は、おれが決める！　おれのディフェンス[*4]は足さ。フットワークさ。）

カシアスを支《ささ》えていたのは、毎日の真剣《しんけん》なトレーニングだった。夜明け前からのランニング、長時間のなわとび、そしてパンチングボールやサンドバッグをもくもくとたたく。

（だれも見ていないジムやランニング・ロードで、勝負が決まるんだ！）

彼《かれ》は、酒はまったく飲まず、コーラなどの炭酸《たんさん》ドリンクも体に良くないと口にしなかった。

そのころ、カシアスはラジオのトーク番組に出演《しゅつえん》した。大人気の悪役プロレスラー、ゴージャス・ジョージとの共演《きょうえん》だ。

そのレスラーは、次の対戦相手をこきおろし、

「おれはあいつをぶっ殺《ころ》すぜ！　腕《うで》を引きちぎってな！」

＊4 ディフェンス…防御《ぼうぎょ》。守備《しゅび》。

とわめいた。

（こんなことをいうのか。これがこの人の人気の秘訣《ひけつ》なんだな。でかい口をたたいて相手を挑発《ちょうはつ》して、注目を集めてたくさんの客に来てもらうのか。なるほどな、これはいい手だ。）

カシアスは彼《かれ》のまねをして、スポーツ紙の記者にしゃべった。

「おれは最強だ！　偉大《いだい》だ！　プリティ（きれい）だ！

おれの顔をなぐれるようなボクサーはいないからな。

おれはもうすぐ世界ヘビー級チャンピオンさ！」

記者たちがおもしろがって報道《ほうどう》し、ラジオやテレビでも取り上げられるようになった。

さらに彼《かれ》は、多くの人を熱狂《ねっきょう》させることを始めた。

「あいつを、六ラウンドで倒《たお》してやる！」

ＫＯ《ケーオー》の予告《よこく》だ。予告《よこく》どおりのラウンドでＫＯ《ケーオー》できたときもあれば、それよりも早く決着がつくこともあった。いずれにしても、カシアスが負けることはなかった。

しかしカシアスは、そのころはまだ、一流とはいえない選手との対戦が続いていた。勝利はするものの、その実力にまだ首をかしげる人も多かった。

そのため、彼《かれ》は「ルイヴィル・リップ」（ルイヴィルのおしゃべり男）や、「マイティ・マウス」（勇敢《ゆうかん》なビッグマウス男）、「クラックトップ・クレイ」（口から出まかせクレイ）などと呼《よ》ばれることになった。

カシアスは話題をさらい、ファンが試合会場につめかけるようになった。

しかし、それ以上に多かったのは、「なまいきな黒人」がマットに沈《しず》むのを楽しみにやってくる人たちだった。

そのことは、カシアスもわかっていた。

（これでいいんだ。おれがボコボコにされるのを見たがる人の

前で、絶対《ぜったい》に負けるわけにはいかないもんな。もし負けたら、黒人のおれは、どれだけばかにされることか。

それに、戦うには、熱くなることが必要だ。大口をたたいて、自分の体と頭を駆《か》り立《た》て、燃《も》え上《あ》がらせるんだ。

こうしてマスコミから注目されれば、それだけ早く世界チャンピオンに挑戦《ちょうせん》できるかもしれないぞ。)

❖チョウのように舞《ま》い、ハチのように刺《さ》す！

カシアスは勝ち続け、一九六三年には世界ヘビー級ランキング第三位までのしあがってきた。

トレーナー[*1]たちは、彼《かれ》の華麗《かれい》なフットワークとハイスピードの鋭《するど》いパンチを、こうたとえた。

「チョウのように舞《ま》い、ハチのように刺《さ》す！」

そしてついに、世界ヘビー級統一《とういつ》[*2]王者との対戦が決まった。

＊1 トレーナー…選手を訓練したり、体調を整えたりする人。

相手は無敵《むてき》といわれたソニー・リストンだ。身長はカシアスよりも数センチ低いものの、リーチでは彼を上回る二百十三センチを誇《ほこ》っていた。一九六二年にリストンがチャンピオンに初挑戦《ちょうせん》したときは、相手を一ラウンドなかば、時間にしてわずか二分六秒でKO《ケーオー》していた。

「これで『ルイヴィル・リップ』はおしまいさ。」

「リストンに勝てるわけがない。」

マスコミもボクシング・ファンたちも、圧倒的《あっとうてき》にリストン有利という予想だった。

カシアスはそれをはねかえすように、試合が決まったときからリストンを「デカいだけのみにくいクマ！　能無《のうな》し野郎《やろう》！」と、ののしり続けた。

カシアスの「トラッシュ・トーク」（相手をこきおろしたり挑発《ちょうはつ》したりする作戦）は、すっかり定着していたが、それはどん

＊2　統一《とういつ》王者…WBA《ダブリュビーエー》（世界ボクシング協会）、WBC《ダブリュビーシー》（世界ボクシング評議会《ひょうぎかい》）二《に》団体《だんたい》（当時）の世界チャンピオンの座《ざ》を同時に保有《ほゆう》するチャンピオンのこと。

どんエスカレートしていた。悪口を詩にして、ラップのようにリズミカルに語ってみせることも多かった。

カシアスは本をほとんど読まないものの、言葉を操《あやつ》るのが巧《たく》みだった。そして、一流のエンターティナー*1だった。

一九六四年二月二十五日、フロリダ州マイアミ。対戦の日となった。チャンピオンとチャレンジャーは、試合前の計量で顔を合わせた。

計量*2の場では、両選手が相手への敵意《てきい》をむき出しにして盛《も》り上《あ》げるのが、プロボクシングの「お約束」だ。

カシアスはさけんだ。

「みにくいクマ！　おまえなんか、生きたまま食ってやるぞ。」

そして指を八本かかげた。

「八ラウンドでKO《ケーオー》だ！」

＊1　エンターティナー…観客を楽しませる芸人。芸能人《げいのうじん》。

＊2　計量…試合の前に体重が規定《きてい》に違反《いはん》していないかはかること。

リストンはにやりと笑い、指を二本かかげた。

(勝利のV《ブイ》サイン？　それとも二ラウンドでKO《ケーオー》してやるってことか？)

その長くて太い腕《うで》、不敵《ふてき》な笑《え》みに、カシアスの背筋《せすじ》が冷えた。

(怖《こわ》い……リングに立つのが怖《こわ》い。こんな気持ちは初めてだ。おれ、どうかしてるぞ。)

恐怖《きょうふ》を吹《ふ》き飛《と》ばすためにさけんだ。

「なんだと！　でかいだけのみにくいクマ！ボコボコにしてやるぞ！」

「おれはグレートだ！　おれはプリティだ。だがおまえはぶざまなクマだ！」

「クマ野郎《やろう》、バーカ、バーカ、バーカ！」

目をぎらぎらさせてさけび続けるカシアス

を、セコンド[*1]やトレーナーが抑《おさ》えつけた。

「落ち着け、カシアス！」

「やりすぎだ！」

「おまえ、正気をなくしているのか？」

その腕《うで》を振《ふ》り払《はら》い、カシアスは何度も何度もわめいた。

しかし、カシアスに恐怖心《きょうふしん》があったのは、実は初めのうちだけ。

あとは作戦だった。

（こうやってわめけば、おれが恐怖《きょうふ》でおかしくなったと、リストンは思《おも》い込《こ》むだろ？）

計量後、カシアスは控《ひか》え室《しつ》でセコンドたちにけろっと笑ってみせた。

「どうだった、おれの演技《えんぎ》は？　最高だろ？　あいつ、マジびびってただろ？」

＊1　セコンド…試合で選手に付《つ》き添《そ》って世話をしたり、コーチしたりする人。

❖タイトル・マッチのゆくえ

試合開始のゴングが鳴った。

リストンのパンチをカシアスは軽々とかわした。

彼《かれ》のスピードは、リストンを完全に上回っていた。強烈《きょうれつ》なパンチを何発かはくらったが、カシアスは倒《たお》れなかった。

一ラウンドが終わったとき、記者席や観客席から驚《おどろ》きの声があがった。

「クレイが互角《ごかく》に戦っている！」

「いや、むしろクレイが優勢《ゆうせい》じゃないか?!」

しかし、四ラウンド終了《しゅうりょう》時に異変《いへん》が起きた。

目がひりひりする。

「目が痛《いた》い！　なにも見えないぞ！」

リストンの塗《ぬ》り薬《ぐすり》かなにかが、彼《かれ》の目に入ったらしい。

「痛《いた》い！　おれ、もう無理！　頼《たの》む、グローブをはずしてくれ。」

「待てよ！　今、やめるわけにはいかないぞ！」
セコンドたちはすぐに彼《かれ》の目を水で洗《あら》い流した。
が、痛《いた》みはひかず、視界《しかい》はぼんやりしたままだ。
ゴングが鳴った。
「さあ、行けよ！」
セコンドに押《お》し出《だ》されるようにして、カシアスはコーナーを出た。
（くそっ、見えない！　今は逃《に》げるしかない。）
彼《かれ》は目をしばたたかせながら、リストンから逃《のが》れた。
追いつかれたときは、体を丸め両腕《りょううで》でガードした。
五ラウンドが残り一分となったころ、すっと目の痛《いた》みがひき、視界《しかい》がよくなってきた。
カシアスは反撃《はんげき》に転じた。
（おれはまだ、倒《たお》れないぞ、リストン！　おまえこそ、パンチを出《だ》し過《す》ぎてスタミナ切れだろう？）

そして、六ラウンド。リストンが疲《つか》れ切っていることは明らかだった。

カシアスのパンチがリストンをとらえた。

終了《しゅうりょう》まぎわ、カシアスは左フックを二発ヒットさせた。

ゴングが鳴り、両者はコーナーに戻《もど》った。

一分後、七ラウンド開始のゴングが鳴ったとき、リング中央におどり出たのは、カシアス一人だった。リストンはコーナーにへたりこんだまま。戦う力が残っていなかった。

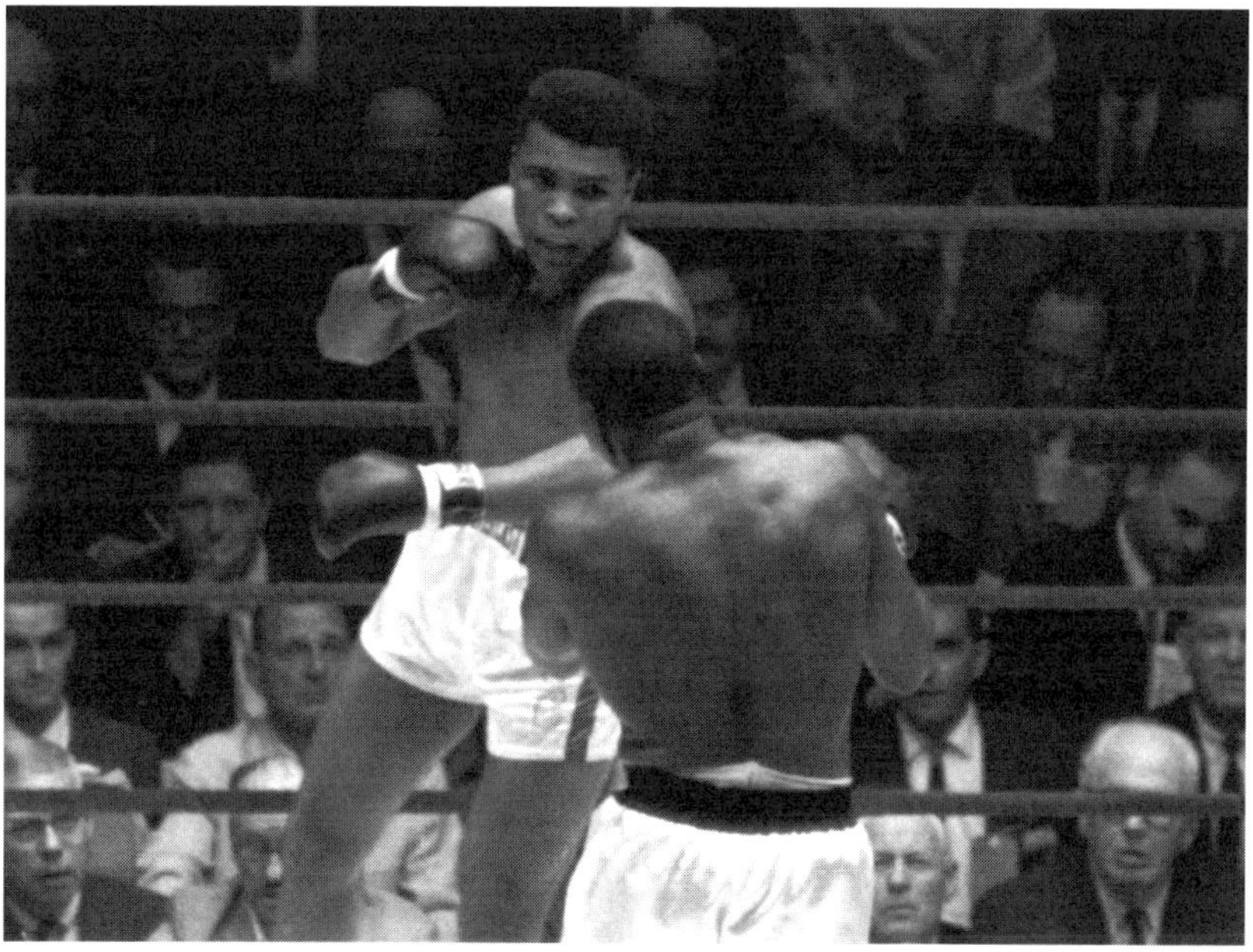

1964年2月25日。フロリダ州マイアミでの、カシアス・クレイ対リストン戦。（写真：アフロ）

カシアスは勝利した。
だれも予想していなかったこの結末に、全米《ぜんべい》がわいた。
カシアスはリングの上で踊《おど》るようにステップをふみ、さけんだ。
「おれはプリティだ！　顔に傷《きず》ひとつないぞ！」
「アイ・アム・ア・グレーテスト！」（おれは最高に偉大《いだい》だ！）
二十二歳《さい》の世界ヘビー級統一《とういつ》王者が誕生《たんじょう》した。
翌日《よくじつ》の記者会見で、全米《ぜんべい》はもう一度驚《おどろ》かされた。
カシアスが、自分は「ネーション・オブ・イスラム」に入会していると明かしたのだ。

第三章　「モハメド・アリ」

❖キリスト教を捨《す》てて

「ネーション・オブ・イスラム」は、アメリカの黒人によるイスラム教団体《だんたい》で、黒人が白人社会の下層《かそう》に組みしかれることなく、経済的《けいざいてき》な自立をめざす社会運動団体《だんたい》でもあった。

　カシアスは、ハイスクール時代からこの団体《だんたい》に興味《きょうみ》を持っていた。学校の課題で、この団体《だんたい》についてのレポートを提出《ていしゅつ》したこともある。そのときは、「内容《ないよう》はともかく、あのカシアスがレポートを書いた！」と、教師《きょうし》たちから驚《おどろ》かれたりした。

　二年ほど前から、カシアスは弟のルディと共に、「ネーション・オブ・イスラム」の集会に参加するようになっていた。

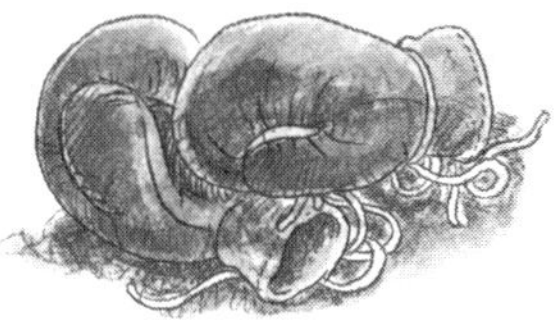

「合衆国《がっしゅうこく》にいる二千万人もの黒人は、アフリカ大陸からさらわれてきた者たちの子孫だ。人としての誇《ほこ》りも、母国について知る機会も奪《うば》われ、愚《おろ》か者《もの》とされた。アフリカでは本来の名があったはずなのに、それも無視《むし》された。そして、キリスト教を押《お》し付《つ》けられてきた。」

「黒人も、誇《ほこ》りと力を持つことができる。」

それらの教えは、カシアス兄弟の胸《むね》に響《ひび》いた。

（そうだ、キリスト教では、おれたち黒人は救《すく》われない。キリストも天使も弟子たちも、白人だもんな。エメット・ティル（11ページ）だってむごたらしく殺《ころ》されてしまった……。おれは、イスラムの神を信じよう。）

この団体《だんたい》に、[*1]マルコムX《エックス》という若《わか》い演説者《えんぜつしゃ》がいた。「ネーション・オブ・イスラム」の指導者《しどうしゃ》に次ぐ実力者で、情熱《じょうねつ》あふれる演説《えんぜつ》で信者を引きつけていた。彼《かれ》はスーツと細いネクタイを

＊1　マルコムX《エックス》（一九二五〜一九六五年）…本名マルコム・リトル。アメリカ人としての姓《せい》を拒否《きょひ》するため、X《エックス》と名乗った。

さっそうと着こなし、メガネがよくにあっていた。これまでの黒人のイメージから離《はな》れた、知的で洗練《せんれん》されたスマートさがあった。

(なんてかっこいい人だろう!)

カシアスも彼《かれ》に引きつけられ、親しくなっていった。

マルコムX《エックス》も、陽気で頭の回転が速いカシアスといっしょにいるのを、楽しんでいるようだった。カシアスは、マルコムX《エックス》の自宅《じたく》に招《まね》かれたり、彼《かれ》の家族とともに旅行に出かけたりした。

しかし、「ネーション・オブ・イスラム」の考え方は、白人社会にとうてい受け入れられるものではない。カシアスは、今はチャンピオンへの挑戦《ちょうせん》が先と考え、イスラム教に入信したことは伏《ふ》せていた。

だが、新チャンピオン誕生《たんじょう》の記者会見で、

「君は『ネーション・オブ・イスラム』の会員なのか?」

モハメド・アリと改名したカシアス・クレイ（左）と、「ネーション・オブ・イスラム」の実力者マルコムX《エックス》（右）。（写真：アフロ）

という質問《しつもん》が出された。記者たちは、カシアスがこの団体《だんたい》の集会に参加したり、マルコムX《エックス》など団体《だんたい》の指導者《しどうしゃ》と親しいことに、うすうす感づいていた。

カシアスは、その質問《しつもん》をはぐらかさなかった。

「おれは、アッラー[*1]の神を信じている。」

記者たちがどよめいた。

カシアスには、ここ数年でわかったことがあった。

黒人ボクサーは、どんなにもてはやされても、白人社会にとっては「エンターテイメント」、つまり「娯楽《ごらく》を提供《ていきょう》する」存在《そんざい》にすぎないことを。

〈おれたちは、白人の金持ちを楽しませる道具なんだ。黒人ボクサーはアホのまま、ただリングで暴《あば》れていればいいと思われている。自分の考えをしゃべったり、白人の宗教《しゅうきょう》を否定《ひてい》する黒人ボクサーなんて、白人社会は絶対《ぜったい》に認《みと》めようとしない

＊1 アッラー…イスラム教で、万物を支配《しはい》する唯一《ゆいいつ》の神。

だろう。でも、おれはだれにもしばられたくない。)

記者たちに、カシアスは言い切った。

「おれにだって自由がある。なりたいものになる自由だ。おれは、あんたたちが望むような黒人でいる義務《ぎむ》なんてないさ。」

アスリート[*1]の記者会見の場は、「黒人が」マスコミに思想や信条《しんじょう》を語るという、前代未聞《ぜんだいみもん》の場となった。

数日後、カシアスはさらに「宣言《せんげん》」をした。

「おれは、『モハメド・アリ』という名になった。そう呼《よ》んでくれ。」

「モハメド」はアラビア語で「称賛《しょうさん》される者」、「アリ」は「気高い」という意味だ。

「ネーション・オブ・イスラム」の指導者《しどうしゃ》から与《あた》えられた、イスラム名だった。

＊1 アスリート…スポーツや運動競技《きょうぎ》において、高い技能《ぎのう》や身体能力《のうりょく》を持ち競技《きょうぎ》に参加する人。

(『カシアス・マーセラス・クレイ』。

おれ、この名前が大好きだった。ローマ時代の戦士みたいな響《ひび》きだもんな。でも──『クレイ』は、おれのひいじいさんが奴隷《どれい》だったころ、主《あるじ》だった白人の名前だ。)

アメリカの黒人奴隷《どれい》[*2]は、主《あるじ》の姓《せい》を与《あた》えられるのが一般的《いっぱんてき》だった。

(おれは、奴隷《どれい》時代の名を捨《す》てる。)

弟のルドルフ(ルディ)は、「ラハマン・アリ」となった。

しかし、予想どおりではあるが、マスコミはその名前で呼《よ》ぼうとはしなかった。ボクシング・ファンも、呼《よ》んではくれなかった。後援団体《こうえんだんたい》のルイヴィル・スポンサリング・グループからも、「なんてことをしてくれたんだ、クレイ!」と非難《ひなん》された。

「黒人が白人にたてつくなんて!」というバッシング[*3]は、全米《ぜんべい》でやむことはなかった。

*2 黒人奴隷《どれい》…主に西・南西アフリカ地域《ちいき》から労働力として運ばれた黒人とその子孫。

*3 バッシング…ひどく非《ひ》難《なん》すること。

そのころアメリカでは、「公民権《こうみんけん》運動」が盛《さか》んになっていた。その先頭に立っていたのは、※1マーティン・ルーサー・キング・ジュニア牧師《ぼくし》だ。

アメリカでは、黒人をはじめとする有色人種は、学校も仕事も住むところも、法律《ほうりつ》や慣習《かんしゅう》によって、白人と厳《きび》しく隔《へだ》てられていた。「人種隔離《かくり》」だ。選挙権《せんきょけん》もなかった。

公民権《こうみんけん》運動では、それをアメリカ合衆国民《がっしゅうこくみん》（公民）として、法律《ほうりつ》の上で白人と平等となることをめざしていた。

キング牧師《ぼくし》の呼《よ》びかけで、一九六三年には、人種差別撤廃《てっぱい》を求める二十万人のデモ（ワシントン大行進）が行われていた。

モハメド・アリ（左）とキング牧師《ぼくし》（右）。（写真：アフロ）

有名な「アイ・ハヴ・ア・ドリーム（わたしには夢《ゆめ》がある）」という名演説《めいえんぜつ》が語られたのは、このときだ。

「わたしには夢《ゆめ》がある。

いつの日か、わたしの四人の幼《おさな》い子どもたちが、肌《はだ》の色ではなく、人間性《にんげんせい》によって評価《ひょうか》される国で暮《く》らすという夢《ゆめ》が……。」

キング牧師《ぼくし》の言葉は、人種を超《こ》えて多くの人の胸《むね》に熱く響《ひび》いた。

キング牧師《ぼくし》は、カシアス・クレイの活躍《かつやく》を喜《よろこ》んでいた。カシアスがチャンピオンになったときには、祝電を送ってくれた。

しかし、カシアスのイスラム教入信と改名を知ると、がっかりしてこう言った。

「われわれは人種隔離《かくり》に戦いを挑《いど》んでいる。しかし、カシアスとは意見が分かれてしまったようだ。」

＊1　マーティン・ルーサー・キング・ジュニア牧師《ぼくし》（一九二九～一九六八年）…アメリカ合衆国《がっしゅうこく》の牧師《ぼくし》。一九六八年に暗殺《あんさつ》された。

❖徴兵試験《ちょうへい》

一九六〇年のこと。カシアスは十八歳《さい》のとき、ルイヴィルで徴兵登録《ちょうへいとうろく》をさせられた。アメリカに住む十八歳《さい》以上の男性《だんせい》全員が、登録《とうろく》しなければならないものだった。

アメリカ合衆国《がっしゅうこく》には、徴兵制度《ちょうへいせいど》[*1]の長い歴史《れきし》がある。

一八六一年の南北戦争時から始まり、第一次世界大戦《だいいちじせかいたいせん》が終わるころには、二百八十万人が徴兵《ちょうへい》された。第二次世界対戦時《だいにじせかいたいせん》には、一千万人にのぼった。

一九四七年に徴兵制度《ちょうへいせいど》は廃止《はいし》されたものの、翌年《よくねん》にはまたも復活《ふっかつ》していた。

十八歳《さい》のカシアスには、徴兵登録《ちょうへいとうろく》したといっても兵役《へいえき》は遠いものだった。彼《かれ》に見えていたのは、ボクシングのことだけだった。プロデビューしてから全戦全勝の若《わか》いボクサーであり、「ルイヴィルのおしゃべり男」としてマスコミをにぎわせ、チャンピ

＊1　徴兵制度《ちょうへいせいど》…国が国民に軍隊に入る義務《ぎむ》を課す制度《せいど》。

オンの座《ざ》に向かって突《つ》き進んでいた。

一九六四年。いよいよヘビー級統一《とういつ》王者のソニー・リストンに挑《いど》むその数週間前に、住んでいたフロリダで軍の徴兵《ちょうへい》センターに呼《よ》び出された。身体検査《けんさ》と筆記試験を受けるようにとのこと。兵役《へいえき》をこなせるかどうかのテストだ。

カシアスはしぶしぶ受験した。このときもまだ、実際《じっさい》に徴兵《ちょうへい》されるとは、だれも考えていなかった。

当然、身体検査《けんさ》は合格《ごうかく》した。が、五十分間の筆記試験で、カシアスの頭のなかは真っ白になってしまった。

(問題がこんなにずらっと並《なら》んでいるなんて！　どこから手をつければいいんだ?)

簡単《かんたん》な計算問題だったが、あせったカシアスは答えを出すことができず、答案用紙には多くの空らんが残された。

結果は不合格《ふごうかく》だった。

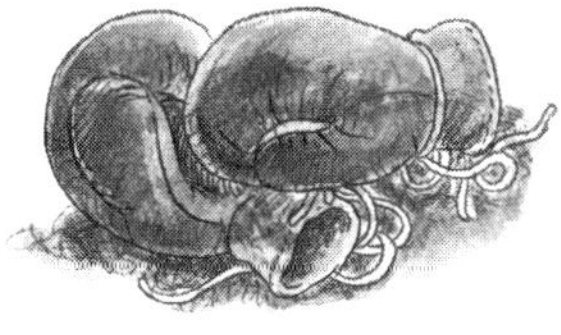

マスコミやボクシング・ファンは、彼《かれ》を疑《うたが》った。

「あいつ、兵役《へいえき》を逃《のが》れるために、わざと答えを書かなかったんじゃないか？」

それを記者たちから聞かされると、カシアスは顔をしかめた。

「『おれって最高！』とは言ってるけどさ、『最高に頭がいい』なんて、言ったことはないぞ。」

その二か月後、彼《かれ》はもう一度試験を受けさせられた。徴兵《ちょうへい》センターからも、わざと悪い成績《せいせき》を取ったと疑《うたが》われ、再試験《さいしけん》になったのだ。しかし彼《かれ》はまたしても不合格《ふごうかく》。

これで疑《うたが》いは晴れた。かっこ悪い形ではあるが。


アメリカがベトナム戦争への本格的《ほんかくてき》な介入《かいにゅう》へと突《つ》き進《すす》んでいくのは、それからまもなくのことだ。

そのころは「米ソ冷戦」*1時代。第二次世界大戦《だいにじせかいたいせん》後、世界はア

＊1 冷戦…武力《ぶりょく》によらない対立。この場合はアメリカ合衆国《がっしゅうこく》を中心とする資本主義《しゅぎ》国とソヴィエト連《れん》邦《ぼう》を中心とする社会主義《しゅぎ》国の対立。東西冷戦。

メリカ合衆国《がっしゅうこく》が中心の*2資本主義《しほんしゅぎ》・自由主義《しゅぎ》（西側）と、*3ソヴィエト連邦《れんぽう》が中心の*4共産主義《しゅぎ》・社会主義《しゅぎ》（東側）に分かれ、対立を深めていた。

「冷戦」ということばどおり、アメリカとソ連《れん》間で直接《ちょくせつ》戦火を交えることはなかった。

　しかし、両国とも他の国に軍事介入《かいにゅう》することで、力を競っていたといえる。この状態《じょうたい》は「代理戦争」と呼《よ》ばれた。

　ベトナム戦争もアメリカとソ連《れん》の代理戦争の場となっていた。ベトナムは、南北両国に分裂《ぶんれつ》して対立が続いていた。

　北ベトナムが社会主義体制《しゅぎたいせい》となっていたため、アメリカはアジアの国々に社会主義体制《しゅぎたいせい》が広まることを恐《おそ》れた。「アジアの国々は、共産主義《しゅぎ》の拡大《かくだい》を自国では止められない。自分たち合《がっ》衆国《しゅうこく》の力が必要だ」「南ベトナムはアジアが社会主義国化《しゅぎこく》していくことへの防波堤《ぼうはてい》だ。そのため合衆国《がっしゅうこく》は南ベトナムを援助《えんじょ》する」

---

*2 資本主義《しほんしゅぎ》…生産手段《しゅだん》を持つ者（資本家《しほんか》）が持っていない労働者をやとって生産活動をし、利益《りえき》を得《え》る体制《たいせい》。

*3 ソヴィエト連邦《れんぽう》…ソヴィエト社会主義《しゅぎ》共和国連邦《れんぽう》。一九二二年十二月に成立したロシアを中心とした社会主義《しゅぎ》国家の連《れん》邦《ぽう》。ソ連《れん》。

*4 共産主義《しゅぎ》・社会主義《しゅぎ》…共産主義《しゅぎ》とは私有財産制《しゆうざいさんせい》を否定《ひてい》し、貧富《ひんぷ》の差をなくそうとする思想。社会主義《しゅぎ》はその初期段階《しょきだんかい》にあたり、生産手段は社会で共有して、生産物と利益《りえき》の分配は社会が行う体制《たいせい》。

というのだ。

しかし南ベトナム政府《せいふ》は国民をかえりみない独裁政権《どくさいせいけん》で、共産主義者《しゅぎしゃ》や社会主義者《しゅぎしゃ》を弾圧《だんあつ》していた。この独裁政権《どくさいせいけん》を倒《たお》すために、国民の間に「南ベトナム解放民族戦線《かいほうみんぞくせんせん》」(ベトコン)[*1]という組織《そしき》が生まれた。

南ベトナム軍も、解放民族戦線《かいほうみんぞくせんせん》の兵士《へいし》たちも、同じベトナム人。それなのに敵《てき》として戦うことになってしまった。

この南ベトナム解放民族戦線《かいほうみんぞくせんせん》と北ベトナム軍を、ソ連《れん》や中国など「東側」は、支援《しえん》した。そしてアメリカ軍は、敵《てき》と見なした。

カシアス・クレイがソニー・リストンを倒《たお》し、モハメド・アリと名を変えた五か月あまり後の一九六四年八月のこと。

北ベトナム沖《おき》のトンキン湾《わん》で事件《じけん》が起きた。アメリカの軍艦《ぐんかん》が、北ベトナム軍から二発の魚雷《ぎょらい》を受けた、というのだ。

1964年のベトナム

＊1 ベトコン…アメリカや南ベトナム側での南ベトナム解放民族戦線《かいほうみんぞくせんせん》の呼《よ》び方《かた》。差別的な意味あいがある。

報復《ほうふく》のため、アメリカのジョンソン大統領《だいとうりょう》は、十七万人もの軍隊を北ベトナムに送り、北ベトナム爆撃《ばくげき》を開始した。翌年《よくねん》の三月には地上軍が上陸。ベトナムの市街地で、農村で、ジャングルで、悲惨《ひさん》な戦闘《せんとう》が繰《く》り広《ひろ》げられるようになった。

日本も大きな役割《やくわり》を担《にな》わされた。

当時の佐藤栄作《さとうえいさく》首相は、ジョンソン大統領《だいとうりょう》を支持《しじ》する、というコメントを出した。そのため、沖縄《おきなわ》の米軍基地《きち》からは、毎日のように戦闘機《せんとうき》がベトナムへと飛び立つようになった。

また、必要な物資《ぶっし》を送り、負傷《ふしょう》した兵士《へいし》を受け入れた。「沖縄《おきなわ》なしにはベトナム戦争は行えなかった」と言われたほどだ。

徴兵検査《ちょうへいけんさ》に落第したアリにとって、ベトナムは遠い国のはずだった。

ベトナム戦争と反戦運動

1960年代後半から70年代前半、ベトナム戦争に反対する運動がアメリカ各地で広がり、日本にも影響《えいきょう》を与《あた》えました。

学生による反戦運動から始まった

1965年3月、アメリカ軍がベトナム戦争に本格《ほんかく》参戦すると、翌《よく》4月に全米《ぜんべい》各地の学生2万人が首都ワシントンに集まり、反戦集会を開きました。このニュースが全米《ぜんべい》に伝わると、若者《わかもの》を中心に反戦の気運が広がりました。

反戦運動の世界への広がり

1967年10月21日（国際《こくさい》反戦デーの日）、ワシントンでは、反戦デモ隊の数は5万5千人（警察《けいさつ》発表数）、主催者《しゅさいしゃ》発表では20万人を数えました。アメリカ政府《せいふ》は1000人以上を逮捕《たいほ》してデモを解散《かいさん》させました。このころ、ベトナム戦争反対の声は反戦歌とともに世界中に広がり、日本でも学生を中心に反戦集会が開かれるようになりました。

ワシントン・ホワイトハウス前の反戦デモ。
(写真：アフロ)

アメリカ軍の撤兵とベトナム戦争の終結

1968年11月の選挙で大統領《だいとうりょう》に当選したニクソンは、ベトナムからの撤兵《てっぺい》と反戦運動の取《と》り締《し》まりを公約して、混乱《こんらん》を収《おさ》めようとしました。しかし、北ベトナム側との和平交渉《こうしょう》は思いどおりに進まず、1973年にようやく和平協定が成立して、アメリカ軍は撤兵《てっぺい》を開始。そして戦争が本格化《ほんかくか》してから10年たった1975年4月、北ベトナムの勝利で戦争は終結しました。

❖リターン・マッチ

「モハメド・アリ」へのバッシングが吹《ふ》き荒《あ》れる中、一九六五年五月、ソニー・リストンとのリターン・マッチの日がやってきた。

リターン・マッチは、タイトルを奪《うば》われた前チャンピオンが王者の座《ざ》をとりもどすために、新チャンピオンに挑戦《ちょうせん》する試合だ。新チャンピオンにとっては、この試合に負けると、奪《うば》ったばかりのタイトルを失うばかりか、一戦目はただのまぐれ勝ちだった、と言われかねない。

今回も、ほとんどの人がリストンの勝利を予想していた。

「あのリストンが、あんな若《わか》いやつに二度も負けるもんか」

試合の三週間前、モハメド・アリは記者たちに語った。

「夢《ゆめ》を見たんだ。試合開始とともに、おれはまっしぐらにリストンに向かっていき、右パンチをくらわせる。

試合はそれで終わりになった。」

そして、試合はそのことば通りになった。

アリはリストンを、一ラウンドで、しかも開始から一分あまりで、マットに沈《しず》めたのだ。「ファントムパンチ（幻《まぼろし》のパンチ）」と呼《よ》ばれた、超《ちょう》ハイスピードのパンチだった。リストン自身にも、パンチがどこから出てきたのか、わからなかったろう。リストンはプロ初のKO《ケーオー》負けとなった。

アリは、あおむけに倒《たお》れたままのリストンを見下ろし、叫《さけ》んだ。

「立てよ！　立って戦えよ！」

彼《かれ》はセコンドに向かってわめいた。

「あいつ、寝転《ねころ》がって試合を投げたぞ！　まだ戦えるのに。」

アリ自身も、リストンをKO《ケーオー》したとは思っていなかったのだ。

弟のラフマン（ルディ）が目を丸くした。

「違《ちが》うよ、兄さん。兄さんのパンチがヒットしたんだ！」

その後、二度目の防衛戦《ぼうえいせん》に勝利して三か月がすぎたころ。アリの身に敵《てき》が——巨大《きょだい》すぎる敵《てき》が近づいていた。

ベトナム戦争、そして「アメリカ合衆国《がっしゅうこく》」だった。

❖「ベトコンにうらみはない」

一九六六年二月十七日。アリのもとへ奇妙《きみょう》な知らせが届《とど》いた。軍がアリに「兵役《へいえき》に適格《てきかく》となった」と知らせてきたのだ。兵役《へいえき》の合格《ごうかく》ラインが引き下げられたのだという。すぐにでも兵士《へいし》として戦場に連れて行かれる可能性《かのうせい》が出てきた。

その背景《はいけい》には、ベトナム戦争の激化《げきか》があった。

この前年までのアメリカの戦死者数は千九百人を超《こ》えていた。そのため、多くの兵士《へいし》を必要としていたのだ。

アリの兵役適格《へいえきてきかく》を知り、テレビの報道陣《ほうどうじん》や新聞記者たちが集まってきた。

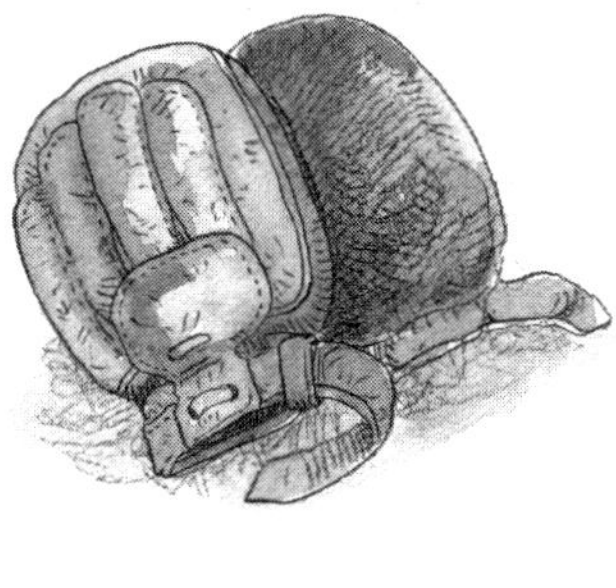

アリは不満をぶつけた。テレビカメラが回りだす。

「なんでだよ？　おれの頭が急によくなったわけじゃない。テストをし直したわけでもない。なのに、なんで合格《ごうかく》になるんだ？

だいたいおかしいじゃないか。金持ちの白人の男たちのなかには、兵役《へいえき》につかないですむやつがたくさんいる。でも、貧《びん》乏《ぼう》な有色人種は、どんどん召集《しょうしゅう》されているぞ。」

アリのこの発言は、その晩《ばん》のテレビニュースで流された。多くのアメリカ国民が耳にし、今でいえば「炎上《えんじょう》した」。

「『ルイヴィル・リップ』が、軍事に口を出したぞ！」

「黒人のくせに、軍にたてつくとはな。」

この当時は、アメリカ人のほとんどが共産主義《しゅぎ》を悪と思《おも》い込《こ》まされ、ベトナムへの軍事介入《かいにゅう》を支持《しじ》していたのだ。

アリの後援会《こうえんかい》へバッシングの電話がひっきりなしにかかって

きた。

だが、アリの心は変わらなかった。

(バッシングには慣《な》れているさ。おれは、自分の心に正直でいたい。)

二日後、新聞記者が電話でインタビューを求めてきた。

「徴兵《ちょうへい》について、どう感じていますか?」

「ベトナム戦争について考えることは?」

「ベトコンについて、どう思いますか?」

アリは、胸《むね》にわいた思いを素直《すなお》に言葉にした。

「ベトナムには行ったこともないし、彼《かれ》らに反感なんて持っていない。ベトコンにうらみはないさ。」

深く考えて口にした言葉ではなかった。それだけに、率直《そっちょく》な感情《かんじょう》だった。

この発言が報道《ほうどう》されたとたん、ますますひどく「炎上《えんじょう》した」。

「カシアス・クレイ（このころはまだ、モハメド・アリとはなかなか呼《よ》ばれなかった）、徴兵拒否《ちょうへいきょひ》か?」

「クレイは合衆国《がっしゅうこく》を裏切《うらぎ》るのか?」と。

バッシングによって、アリはかえってはっきりと思いを固めた。

（そうさ、おれにはベトナム人を殺《ころ》しにいく理由なんて、ない。白人連中は、ベトナム人の命なんて軽く見ているにちがいない。おれたち黒人と同じ、有色人種だもんな。）

二月二十八日。アリは徴兵局《ちょうへいきょく》に書類を出した。「良心的兵役拒否《へいえききょひ》者《しゃ》」として。

「良心的兵役拒否《へいえききょひ》」とは、文字どおり良心に基《もと》づいて戦争へ行くことを拒否《きょひ》することで、宗教《しゅうきょう》の教義《きょうぎ》に反するから、という理由が多い。アリも、兵役拒否《へいえききょひ》の理由を「イスラム教の信仰《しんこう》のため戦争に加わらない」としていた。

アリへのバッシングは、ますます過熱《かねつ》していった。

「世界ヘビー級チャンピオンは、アメリカの力の象徴《しょうちょう》だ。そのチャンピオンがアメリカの政策《せいさく》を否定《ひてい》するとは、何ごとだ！」

「黒人のビッグマウス野郎《やろう》のくせに！」

「いいや、クレイは頭が悪いだけだ。合衆国《がっしゅうこく》の正しさがわかっていないのさ。」

「イスラム教の指導者《しどうしゃ》に操《あやつ》られているんじゃないか。」

しかし、アリの言動は、黒人たち、特に若《わか》い黒人男性《だんせい》たちに力と勇気をもたらした。

「おれたちだって、白人のいいなりにならなくていいんだ！」と。

アリの「ベトコンにうらみはない」という言葉は、全米《ぜんべい》に広がった。白人たちの支持者《しじしゃ》も現《あらわ》れた。

アリのもとには多くの激励《げきれい》の手紙が届《とど》くようになった。

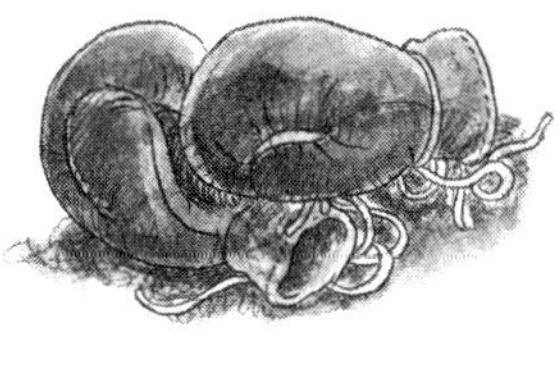

❖入隊命令

「なんだって？　試合ができない？」

アリはいらだった。アメリカの多くの州が、アリの試合の開《かい》催《さい》をこばんだのだ。

アリの後援団体《こうえんだんたい》であるルイヴィル・スポンサリング・グループは、アリの説得《せっとく》にかかった。

「いいか、アリ。兵役拒否《へいえききょひ》で君が失うものの大きさがわかるか？国内で試合はできない、コマーシャルの契約《けいやく》も打ち切られる。何百万ドルも失いたいのか？悪いことはいわない、兵役拒否《へいえききょひ》を取り消せよ。大丈夫《だいじょうぶ》だ、たとえベトナムに行ったとしても、実際《じっさい》の戦闘《せんとう》に加わらないですむように、われわれが話をつけた。君の任務《にんむ》はボクシングの『エキシビジョン・マッチ』[*1]になる

＊1　エキシビジョン・マッチ…公式ではない試合。公開試合。模範《もはん》試合。

だろう。」

それは、非《ひ》公式の試合で、公開スパーリングのようなものだ。ベトナムに送られた兵士《へいし》たちの娯楽《ごらく》のために開催《かいさい》される。またとない好条件《こうじょうけん》と言えるだろう。

アリは二十四歳《さい》。ボクサーとしての絶頂期《ぜっちょうき》といえる。そして、アスリートが強くいられる年月は短い。そのことは、彼《かれ》も十分わかっていた。

それでも、アリの決心は揺《ゆ》らがなかった。

「何度考えても、ベトコンと戦う理由が見つからないんだ。なんでわざわざ、一万マイルも離《はな》れた小さな国に出かけて行って、白人がアジア人を支配《しはい》するために人を殺《ころ》す、その手助けをしなくちゃならないんだ？

おれはそんなことはまっぴらだ」

二時間以上におよぶ話し合いのすえ、アリは立ち上がった。

「おれのことを心から心配し、いろいろと手を尽《つ》くしてくれてありがとう。

でも、わかってくれ。おれの気持ちは変わらない。」

それでも、マネージャーたちは駆《か》け回《まわ》り、イギリスやドイツ、そしてアリを締《し》め出《だ》していないいくつかの州で、試合を組んでくれた。アリは一年間あまりの間に、七回ものタイトル戦を行い、すべて勝利してチャンピオンの座《ざ》を守ることができた。

一九六七年、三月。アリに入隊命令が届《とど》いた。テキサス州ヒューストンの陸軍試験入隊基地《きち》に出頭せよ、とのことだった。

(プロ野球やプロバスケットボール、プロフットボール選手なんかは*1徴兵猶予《ちょうへいゆうよ》となるやつが多いのに、なんでおれは? 黒人のビッグマウス男だから、合衆国《がっしゅうこく》から狙《ねら》われたんだな……。)

アリの弁護士《べんごし》たちは、入隊の差し止めを求めて連邦《れんぽう》最高裁判《さいばん》

＊1　徴兵猶予《ちょうへいゆうよ》…徴兵《ちょうへい》の時期を延《の》ばすこと。

所《しょ》に訴《うった》えでたが、翌月《よくげつ》、無効《むこう》とされた。

アリはつめかけた記者たちに告《つ》げた。

「刑務所《けいむしょ》へ五十年間送られても、マシンガンをつきつけられても、おれはベトナムへは行かないさ。」

アリは、キング牧師《ぼくし》とも話をした。アリのイスラム教への入信についてては、キング牧師《ぼくし》は否定的《ひていてき》な意見であったが、ベトナム戦争に対する姿勢《しせい》は同じだった。

キング牧師《ぼくし》は記者団《きしゃだん》に語った。

「信仰《しんこう》は違《ちが》いますが、わたしたちの志《こころざし》は同じです。わたしはアリの勇気をたたえます。」

軍から指定された四月二十八日の朝。弁護士《べんごし》や記者に囲《かこ》まれて、アリは入隊所に向かった。敷地《しきち》の外には、反戦派《はんせんは》の学生デモ隊が「行くな！　行くな！」と叫《さけ》んでいる。

会場には、アリを含《ふく》めて二十八名の入隊予定者がいた。

ほとんどの青年が、大きなバッグかスーツケースをかかえていた。

その日のうちに、配属《はいぞく》される軍の基地《きち》にバスで連れて行かれることがわかっていたからだ。アリは手ぶらだった。

陰気《いんき》な灰色《はいいろ》の建物の中で、若者《わかもの》たちはみんな黙《だま》ってうつむいている。

(彼《かれ》らみんな、戦争に行かされるのか……。)

さすがに胸《むね》が痛《いた》んだ。せめていっときでも気持ちを軽くしてやりたい。

「おいおい、みんな、暗いぞ!」

アリが陽気に話しかけると、何人かの青年が「ああ、チャンピオン……」と、ようやくほほえみを返してきた。アリはジョークを飛ばし、これまでの試合のことなどをしゃべり続けた。

一人の青年が、さびしそうに笑った。

「……チャンプ。[*1]君がいっしょに行ってくれたら、楽しいのになあ！」

入隊式が始まった。アリたち二十八名の青年が、起立して並《なら》ばせられた。

「名前と配属《はいぞく》(入隊する部隊名)を呼《よ》ばれた者は、一歩前に出ろ。」

若者《わかもの》たちは上官に名前を呼《よ》ばれるたびに唇《くちびる》を固く結び、前に出た。

「カシアス・クレイ、陸軍！」

アリは一歩も動かなかった。

(おれは、もう試合ができないかもしれない。おれ、二十五歳《さい》だぞ。今、試合がしたいのに！

——だが、ベトナムへは行かない。)

上官は呼《よ》び名《な》を変えた。

＊1　チャンプ…チャンピオンの意味。

「モハメド・アリ！　陸軍！」

アリは一歩も動かなかった。

（収入《しゅうにゅう》がなくなるな。貧乏《びんぼう》になるぞ。——だが、戦争には加わらない。）

「わかっているのか？

徴兵拒否《ちょうへいきょひ》は重罪《じゅうざい》だ。刑務所《けいむしょ》行き、そして罰金《ばっきん》だ。

今度こそ、名前を呼《よ》ばれたら前に出ろ。

モハメド・アリ　陸軍！」

アリはやはり一歩も動かなかった。

入隊基地《きち》の外に出ると、記者たちが押《お》し寄《よ》せてきた。記者たちはアリの入隊拒否《きょひ》というビッグニュースを、ただちにテレビ局や新聞社に送った。

反戦派《はんせんは》のデモ隊が、「アリ！　アリ！」とエールを送っている。

小さな星条旗《せいじょうき》[*1]を手にした年配の女性《じょせい》がかけよってきた。

＊1　星条旗《せいじょうき》…アメリカ合衆《がっしゅう》国《こく》の国旗。

徴兵《ちょうへい》を拒否《きょひ》し、陸軍の上官に続いて入隊所を退出するモハメド・アリ。(写真:アフロ)

「わたしの息子《むすこ》はベトナムにいるのよ！

あんたよりずっと立派《りっぱ》だよ。

あんたなんか、監獄《かんごく》で死ねばいい！」

ホテルへ戻《もど》り、アリは母親に電話した。

「もしもし、バード[*1]？　うん、終わったよ。入隊はしない。」

電話の向こうで、母が泣き出した。

「これからどうなるの？

ああ、カシアス！　あんたって子は！」

「バード、おれは大丈夫《だいじょうぶ》だよ。やるべきことをやったんだ。

家に帰るよ。うまい料理を作ってくれるとうれしいな。」

その日のうちに、ボクシング協会がアリのボクシングのライセンス[*2]を取りあげた。世界ヘビー級統一《とういつ》王者の座《ざ》も、はぎとられた。

＊1　バード…アリの母の愛《あい》称《しょう》。7ページ本文を参照《さんしょう》。

＊2　ライセンス…免許《めんきょ》（証《しょう》）。許可《きょか》（証《しょう》）。

第四章　逆転《ぎゃくてん》

❖反戦運動のシンボル

二週間後に、アリの裁判《さいばん》が行われた。

アリは有罪《ゆうざい》となった。審議《しんぎ》したのは白人のみからなる陪審員《ばいしんいん》*1たちで、わずか二十分で「片《かた》づけられた」。

求刑《きゅうけい》は、*2禁錮《きんこ》五年に罰金《ばっきん》一万ドル。徴兵拒否《ちょうへいきょひ》としての最重《さいじゅう》刑《けい》だった。パスポートを没収《ぼっしゅう》され、海外で試合するという道も閉《と》ざされた。

アリの弁護士《べんごし》たちは、ただちに無罪《むざい》を求めて*3訴訟《そしょう》を起こした。

アリの日常《にちじょう》は、静かなものとなった。試合がない、それに向

*1　陪審員《ばいしんいん》…陪審制《ばいしんせい》の裁判《さいばん》で一般《いっぱん》市民から選ばれ、裁判《さいばん》に立ち会って事実の認定《にんてい》などを行う人。
*2　禁錮《きんこ》…受刑者《じゅけいしゃ》を監獄《かんごく》に入れて身体的自由を制限《せいげん》する刑《けい》。労働はさせない。
*3　訴訟《そしょう》…裁判《さいばん》に訴えること。

けて体をしぼりこむこともない。

今まで毎日何人もの取《と》り巻《ま》き*1連中に囲《かこ》まれていたが、それもいない。取《と》り巻《ま》きは、強いボクサーにはつきものの人びとで、コーチやマネージャーや医者でもない、役割《やくわり》のはっきりしない男たちが、これまではいつもアリといっしょにいたのだ。

しかし、アリはへこんでいなかった。ヤケになってもいなかった。もともと酒を口にしないから、飲んだくれることもない。

（いつかきっと、なにもかもうまくいく。信じよう。）

彼《かれ》は毎日アッラーの神に祈《いの》って信仰《しんこう》を深め、結婚《けっこん》したばかりの妻《つま》とおだやかにすごした。すぐに赤ちゃんに恵《めぐ》まれた。アリは大喜《おおよろこ》びだった。子どもが大好きだったのだ。

といっても、アリは無職《むしょく》となり、収入《しゅうにゅう》の道もない。

それでもアリは「何とかなるさ」と笑い、妻《つま》のベリンダは「あなたの決断《けつだん》はまちがっていないわ」とアリを支《ささ》えた。

＊1 取《と》り巻《ま》き…金持ちや権《けん》力者《りょくしゃ》につきまとって機嫌《きげん》をとる人たち。

そんなある日のこと。

「カシアス・クレイ。逮捕《たいほ》だ。」

一九六八年十二月、クリスマスが近づいていたころ。

アリは、突然《とつぜん》とらえられ、刑務所《けいむしょ》に送られた。

ただし、兵役拒否《へいえききょひ》のためではなく、交通違反《いはん》の罰金《ばっきん》の未払《みばら》いという、軽い罪《つみ》のためだった。フロリダ州デイド郡の刑務所《けいむしょ》で、十日間の刑期《けいき》だ。

（見せしめかよ！　刑務所暮《けいむしょぐ》らしを経験《けいけん》させれば、こりておとなしくベトナムに行く気になるだろうってことか？

いいだろう、予行練習、上等じゃないか！）

アリは刑務所《けいむしょ》内で、割《わ》り当てられた軽作業をこなし、一週間後、予定より早く、クリスマス恩赦《おんしゃ》*1により釈放《しゃくほう》された。
(残念ながら、こんなことでおれの意志《いし》は変わらないぜ。よその国で、おれたちになにも悪いことをしていない人たちを殺《ころ》す。そして自分は腕《うで》やら目をなくすかもしれない。戻《もど》ってこられないかもしれない。そんなことに比《くら》べたら、刑務所《けいむしょ》に入るなんて何でもないさ。)

ベトナム戦争は、ますます激《はげ》しさを増《ま》していった。北ベトナム軍を支持《しじ》する南ベトナム解放民族戦線《かいほうみんぞくせんせん》の兵士《へいし》たちは、ジャングルに潜《ひそ》み、ねばり強く戦った。
幼《おさな》い子どものいる母親や少年たちまでもが、銃《じゅう》をかかえていた。彼《かれ》らはわなをしかけたり、待《ま》ち伏《ぶ》せしたり、手製《てせい》の簡単《かんたん》な武器《ぶき》で攻撃《こうげき》するという、ゲリラ戦*2で戦った。アメリカ兵《へい》から

---

*1 恩赦《おんしゃ》…裁判《さいばん》で決まった刑罰《けいばつ》を許《ゆる》したり、軽くしたりすること。

*2 ゲリラ戦…小規模《しょうきぼ》な部隊で相手のすきをついて攻撃《こうげき》すること。部隊は正式な軍隊でないことも多い。

奪《うば》った武器《ぶき》を使うこともあった。

対するアメリカ軍は大部隊だ。ジャングルに火を放ち敵《てき》をあぶりだして攻撃《こうげき》を繰《く》り返《かえ》した。

解放民族戦線《かいほうみんぞくせんせん》の兵士《へいし》は、農村にも潜《ひそ》んでいた。アメリカ兵《へい》には、一般《いっぱん》の村民と解放民族戦線《かいほうみんぞくせんせん》の兵士《へいし》の区別がつかない。

そのため村ごと焼《や》き払《はら》ったり、高齢者《こうれいしゃ》や子どももかまわず虐《ぎゃく》殺《さつ》するという事態《じたい》になった（ソンミ村の大虐殺《だいぎゃくさつ》など）*3。

こうして戦争は泥沼《どろぬま》化していった。

また、ベトナム戦争は、人類が生なましい映像《えいぞう》を残した、初めての戦争だった。

戦場カメラマンたちは命がけで戦闘《せんとう》の最前線へ出向き、爆撃《ばくげき》や地上戦の画像や映像《えいぞう》をカメラにおさめた。それらの貴重《きちょう》な記録は、アメリカ本土に、そして世界中に発信されていった。

戦闘《せんとう》が実況中継《じっきょうちゅうけい》されたことすらあった。

*3 ソンミ村の大虐殺《だいぎゃくさつ》…一九六八年にアメリカ軍が無抵抗《むていこう》の村民五百四人を虐殺《ぎゃくさつ》した事件《じけん》。

一九六八年一月、解放民族戦線《かいほうみんぞくせんせん》のわずか二十人の兵士《へいし》が、六時間にわたって南ベトナム・サイゴンのアメリカ大使館を占拠《せんきょ》。星条旗《せいじょうき》が引きずり降《お》ろされ、解放軍《かいほうぐん》の旗《はた》がひるがえる、その様子がテレビで全世界に放送されたのだ。

このことで、アメリカの強さが疑《うたが》われ、超大国《ちょうたいこく》の地位がゆらぐ結果となった。

一方、アメリカ国内では、反戦の声が大きくなっていった。

一九六七年十月の十万人規模《きぼ》の「ペンタゴン大行進」*1など、大きな反戦デモが繰《く》り返《かえ》し行われた。徴兵《ちょうへい》カードを突《つ》き返《かえ》したり、焼《や》き捨《す》てたりする若者《わかもの》も現《あらわ》れた。

モハメド・アリは反戦運動のシンボルとなっていた。

アリの兵役拒否《へいえききょひ》により、多くの人びとが戦争について深く考えるようになったのだ。

なぜ遠いベトナムで戦争をしなければならないのか？　自分

＊1　ペンタゴン…首都ワシントンD.C.《ディーシー》の対岸に位置する国防総省本庁舎《こくぼうそうしょうほんちょうしゃ》の呼称《こしょう》。

1968年10月、ワシントンの国会議事堂《こっかいぎじどう》前での、ベトナム戦争に反対するデモ隊。
指を２本立てるピース（平和）サインで行進した。（写真：アフロ）

たちの息子《むすこ》や夫が、よく知らない国の人びとを殺《ころ》し、また殺《ころ》されなければならないのはなぜ？　アメリカに正義《せいぎ》はあるのか？と。

アリは、大学から講演《こうえん》を依頼《いらい》されることが多くなった。人種差別や反戦への思いを語ってほしい、というのだ。

引き受けたものの、はじめのうちアリは心配だった。

（大学生から、難《むずか》しい質問《しつもん》が飛んできたらどうしよう。おれ、しゃべりは得意《とくい》だけど、勉強は苦手で本もほとんど読んでこなかったし。）

アリは、彼《かれ》らしくないことを始めた。勉強だ。

「ネーション・オブ・イスラム」の指導者《しどうしゃ》の著書《ちょしょ》などを中心に、文章を読んで理解《りかい》するための努力を続けたのだ。自分の声をテープレコーダーで録音し、話をする練習もした。

アリは講演会《こうえんかい》で、こう語った。

「多くの人がベトナムで死んでいく。

そこに意味はあるのだろうか？

おれは、ここに残って、意味のあることをしたい。

だが、うんざりするほどたくさんの人から、「南ベトナムの人びとのために、お前も行って戦え』と言われたよ。

『この戦争に反対することで、あいつはたくさんのものを失った』とも言われた。

でも、それは違《ちが》う。

おれはたくさんのものを手に入れた。

まっすぐでくもりのない自由な心、そして誇《ほこ》りだ！」

学生たちは拍手《はくしゅ》でこたえたが、ヤジが飛ぶことも多かった。

「兵役逃《へいえきのが》れの黒人！」と。

アリは気にとめずに、講演会《こうえんかい》の最後を、彼《かれ》らしくこんなコールアンドレスポンス[*1]で締《し》めくくった。

＊1　コールアンドレスポンス…発信者と聴衆《ちょうしゅう》の掛《か》け合《あ》い。発信者の問《と》い掛《か》けに対し聴衆《ちょうしゅう》が応《こた》える形が多い。

「チャンプはだれだ？」

「モハメド・アリ！」

「もっとも偉大《いだい》なのはだれだ？」

「モハメド・アリ！」

アリには、自身でこう叫《さけ》び続け、また叫《さけ》ばれ続けることが必要だった。

白人からの差別や迫害《はくがい》につぶされないでいるために。

それらをはねかえし、自分の信念を貫《つらぬ》くために。

❖大声援《だいせいえん》

ベトナム戦争は終わらない。アメリカ軍によりナパーム弾《だん》[*1]が大量に投下され、病院や学校までもが焼かれ、多くのベトナム人が命を落とした。

また、毒性《どくせい》の強い除草剤《じょそうざい》[*2]が大量にまかれた。除草剤《じょそうざい》は解放民《かいほうみん》族戦線《ぞくせんせん》の隠《かく》れ家《が》であるジャングルを枯《か》らし、農作物を全滅《ぜんめつ》させ、食料を奪《うば》った。

それだけでは終わらず、この毒薬《どくやく》の影響《えいきょう》で、多くの人びとにガンなどさまざまな病気が現《あらわ》れた。また除草剤《じょそうざい》を浴びた親から、先天性《せんてんせい》[*3]の障害《しょうがい》がある子どもが生まれてきた。

ベトナムでの悲惨《ひさん》な写真が、次つぎに公開された。戦死した南ベトナム解放民族戦線《かいほうみんぞくせんせん》の兵士《へいし》の無残な姿《すがた》、そのかたわらで笑うアメリカ兵《へい》。迫《せま》りくるナパーム弾《だん》の黒煙《こくえん》のなか、泣《な》き叫《さけ》びながら逃《に》げる女の子。爆撃《ばくげき》を逃《のが》れて川に飛《と》び込《こ》んだ母子……。

＊1　ナパーム弾《だん》…強力な威力《いりょく》を持つ焼夷弾《しょういだん》。周囲《しゅうい》を焼《や》き尽《つ》くす。

＊2　除草剤《じょそうざい》…「枯葉剤《かれはざい》」とも呼《よ》ばれた。

＊3　先天性《せんてんせい》の障害《しょうがい》…結合双《そう》生児《せいじ》（一つの体を共有した双子《ふたご》）ベトちゃんドクちゃんが世界的に知られた。

これらの光景が世界に報道《ほうどう》され、戦争反対の声は全世界に広がった。

アメリカ兵《へい》の戦死者も増《ふ》えた。そのなかで、戦闘《せんとう》の最前線に送られて戦死する黒人兵《へい》の数は、飛《と》び抜《ぬ》けて多かった。豊《ゆた》かな家庭の何千人もの若者《わかもの》が、大学に進学したり外国へ移ったりして兵役《へいえき》を逃《のが》れた。貧《まず》しい若者《わかもの》ばかりが、徴兵《ちょうへい》されていく。

アリの決断《けつだん》を支持《しじ》し応援《おうえん》する人の輪は、どんどん大きくなっていった。白人たちのアリをみる目も変わった。「生意気《なまいき》なビッグマウスの黒人」から、「チャンピオンベルトを奪《うば》われても反戦を貫《つらぬ》く、勇気ある運動家」へと。

モハメド・アリは有罪《ゆうざい》になるのか？　裁判《さいばん》のゆくえは、アメリカ全土の関心を集めた。

一九七〇年。アリがボクシング界からしめだされて三年が過《す》ぎた。そのころの世界ヘビー級統一《とういつ》王者は、ジョー・フレイジャー。身長は一八〇センチとアリより小柄《こがら》だったが、二十五戦無敗を誇《ほこ》っていた。決してひるむことなく突《つ》き進《すす》み、対戦相手の頭蓋骨《ずがいこつ》をも砕《くだ》くことができる、と言われていた。

（たしかにこの男は強い。でも、最強の男はこのおれだ！

ああ、試合でそれを証明《しょうめい》したい。）

しかし、アリのボクシング・ライセンスは取り上げられたまま。

「もうボクシングのことは、忘《わす》れたらどうだ？」

アリのことを心配し、忠告《ちゅうこく》してくれる人もいた。

妻《つま》のベリンダは、こう答えた。

「彼《かれ》はリングの上でチャンピオンの座《ざ》をつかんだの。それを失うとしたら、リングの上でだけよ。でなければ、あの人はあきらめないでしょう。」

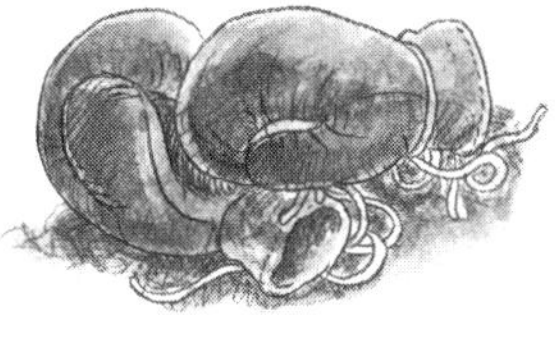

「アリ！　試合ができるぞ！」

アリにうれしい知らせが届《とど》いた。

弁護士《べんごし》やプロモーター*1が駆《か》け回《まわ》り、全米《ぜんべい》各州の法律《ほうりつ》を調べたのだ。

そしてついに、ジョージア州にはボクシングを管理する規則《きそく》がないことを突《つ》き止《と》めた。

ジョージア州アトランタで、一九七〇年十月、カムバック試合が開催《かいさい》された。相手はジェリー・クォーリー。二十五歳《さい》の白人青年だった。

(三年半ぶりのリングだ……。ああ、この匂《にお》いだ、熱気だ。)

リングに登場すると、思ってもいないことが起きた。

「アリ！」

「アリ！」

「アリ！」

---

*1 プロモーター…スポーツの試合などの主催者《しゅさいしゃ》。

*2 TKO《ティーケーオー》…テクニカル・ノックアウトの略《りゃく》。レフェリーが一方の選手のダメージが大きいと判断《はんだん》したときなどにTKO《ティーケーオー》として試合を止める。

「アリ！」

観客からの大声援《だいせいえん》が響《ひび》きわたったのだ。

（えっ、おれに？）

試合でこんな声援《せいえん》を受けたのは、初めてだった。これまでアリは、カシアス・クレイ時代から憎《にく》まれる側だった。

ジョージア州は黒人差別が強く、しかも今夜の観客の半分以上は白人、対戦相手は白人だというのに。

試合は早い段階《だんかい》で決着がついた。三ラウンド、クォーリーの左目の上が切れて出血がひどくなったため、レフェリーは試合を止め、アリの*2TKO《ティーケーオー》勝ちとなった。観客はアリのカムバック第一戦の勝利を、大歓声《だいかんせい》で祝ってく

れた。

しかし、アリは勝利に酔《よ》うことができなかった。

(体が重い……以前のおれとは違《ちが》う。)

年齢《ねんれい》のためか、三年半のブランク[*1]のためか。

アリのあの「チョウのように舞《ま》う」フットワークは失われていた。

アリはカムバックが決まってから、家族から離《はな》れてホテル暮《ぐ》らしをし、毎朝五時からトレーニングを積んで体をしぼりこんできた。体重は増《ふ》えていたものの、筋肉《きんにく》は落ちていない。以前と同じ、引《ひ》き締《し》まった美しい体形を取《と》り戻《もど》していたというのに。

(だがおれは、リングに戻《もど》ってきた。そして勝利した。

おれは戦い続ける。)

その後、アリはカムバック第二戦目も、十五ラウンドＴＫＯ《ティーケーオー》で勝利した。

＊1 ブランク…仕事などが途切《とぎ》れている期間。

❖敗北

一九七一年三月、ついにチャンピオンのジョー・フレイジャーとの対戦の日がやってきた。会場は二戦目に引き続き、ニューヨークのマディソン・スクエア・ガーデン、「格闘技《かくとうぎ》の殿堂《でんどう》」といわれるホールだ。ニューヨーク州の裁判所《さいばんしょ》が、アリの試合開《かい》催《さい》を許可《きょか》したのだ。

アリは、カムバック前と同じように、フレイジャーに毒《どく》づいた。

「あいつはおろかでみにくいおくびょう者さ!」と。

しかし、アリは試合直前の控《ひか》え室《しつ》では、恐《おそ》ろしそうに目をそらして体を縮《ちぢ》めていた。迫《せま》ってくるのは注射針《ちゅうしゃばり》だ。アリは注射《ちゅうしゃ》が怖《こわ》かった。

注射《ちゅうしゃ》は麻酔薬《ますいやく》だ。指と指の間に打ってもらう。

アリの両手は、試合でパンチを当てると、痛《いた》みが走るようになっていたのだ。

（これで安心して、パンチが出せる。）

だが、チョウのような軽いフットワークは失われたままだった。アリは二十九歳《さい》になっていた。十五ラウンドの長丁場《ながちょうば》じゅう、足を止めずに戦う体力はなくなっていた。

そのかわりに彼《かれ》が編《あ》み出《だ》した作戦は、「ロープ・ア・ドープ」。「ロープに追いつめられたふりをする」という意味だ。リングに張《は》られたロープにもたれるようにして、相手のパンチを受けながら、反撃《はんげき》のチャンスを狙《ねら》うというものだ。

この試合で、アリは何度もロープにもたれ、パンチを出すタイミングをうかがっていたが、逆《ぎゃく》に「バスにひかれるような」フレイジャーの得意《とくい》の左フックをまともにくらってしまった。

首がゴキッと大きくねじれ、頭蓋骨《ずがいこつ》の中で脳《のう》がぐわんぐわんとゆれる。

なぜか目の前にとびらが現《あらわ》れた。開くと、オレンジやグリーンのネオンがまたたいている。ヘビが叫《さけ》び、コウモリがトランペットを、ワニがトロンボーンを吹《ふ》いている……。

(やばい、これは夢《ゆめ》だ、幻覚《げんかく》だ！　目を覚ませ！

動け、逃《に》げろ、クリンチ[*1]しろ、頭を下げるんだ！)

アリはダウンしなかった。

勝敗はつかず、十五ラウンド目にもつれこんだ。アリもフレイジャーも体力の限界《げんかい》を超《こ》えていた。二人とも顔はボコボコにはれ上がっていた。

フレイジャーの左フックが再《ふたた》びアリをとらえた。

アリはついにリングに倒《たお》れた。

レフェリーがカウントする。ワン……ツー……スリー

……彼《かれ》は立ち上がった。

大歓声《だいかんせい》が巻《ま》き起《お》こる。

二人は試合終了《しゅうりょう》のゴングが鳴るまで戦うことをやめなかった。

＊1 クリンチ…形勢《けいせい》不利のとき、相手の攻撃《こうげき》をさえぎるために相手の体にくっついたり、腕《うで》を相手の肩《かた》に巻《ま》きつけたりすること。反則《はんそく》ではない。

ボクシング史《し》に残る激《はげ》しい戦いだった。判定《はんてい》は三―〇でフレイジャーの勝利となった。

アリにとって、プロボクサーとなって初の敗北であり、世界ヘビー級タイトルを、リング上でも失った。

丸はだかで放り出されたような屈辱感《くつじょくかん》――そんな思いでいっぱいになった。

だが、アメリカ合衆国《がっしゅうこく》との戦いに勝利したのは、アリだった。

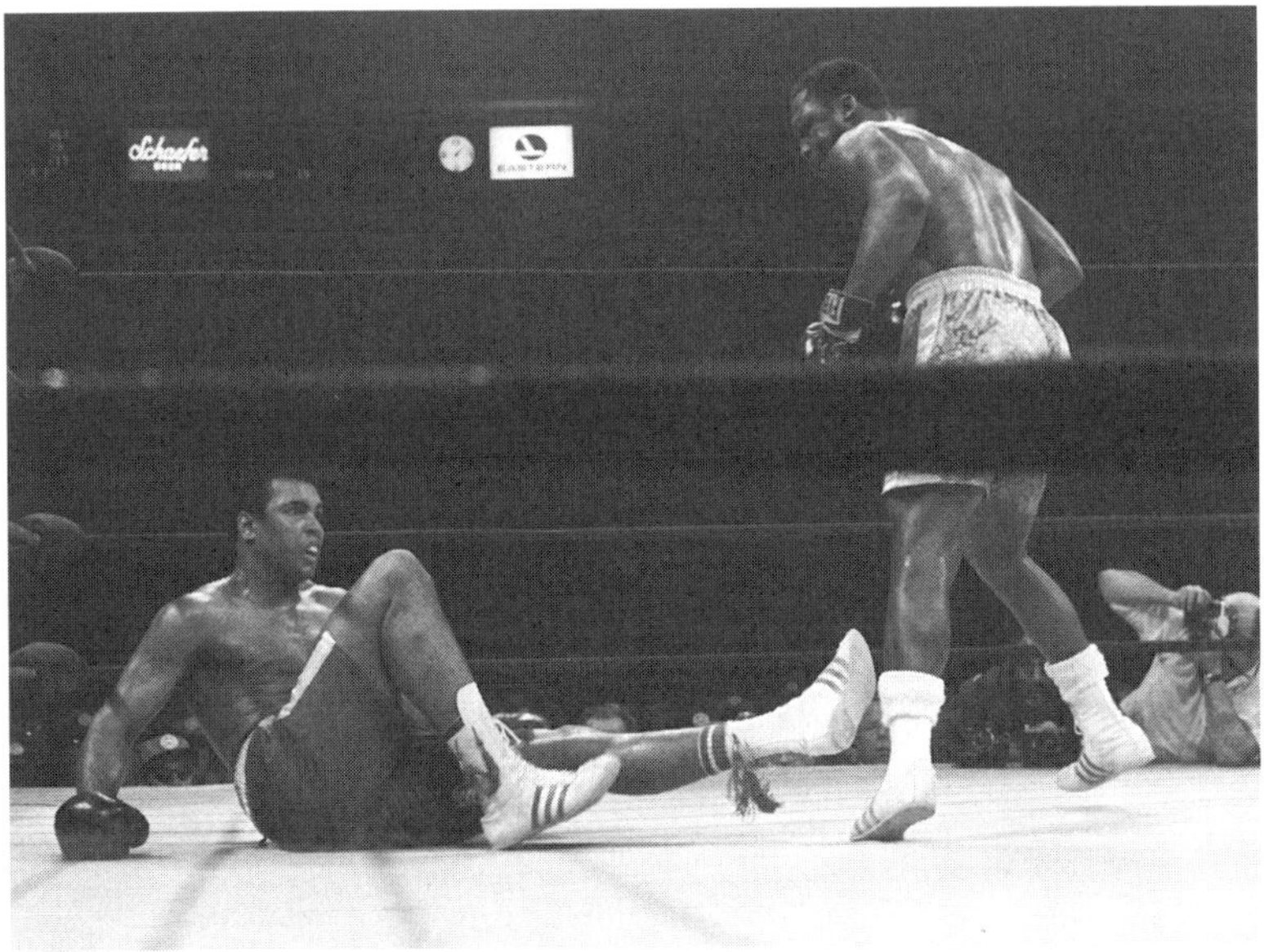

1971年3月8日、ニューヨークのマディソン・スクエア・ガーデンで行われたアリ対フレイジャー戦。アリ（左）はダウンし、判定《はんてい》負け。タイトルを失った。（写真：アフロ）

❖勝利

一九六九年のころ、連邦最高裁判所《れんぽうさいこうさいばんしょ》は、アリの訴訟《そしょう》を取り上げる気はなかった。カシアス・クレイ（アリ）は当然有罪《ゆうざい》だ、五年間の禁錮刑《きんこけい》にすればいい、と。

しかし、ベトナム戦争への批判《ひはん》が高まり、アリを支持《しじ》する声が無視《むし》できない大きさになると、審議《しんぎ》をしたほうがいい、と考える判事《はんじ》が現《あらわ》れた。最高裁判所《さいばんしょ》は、ジョー・フレイジャー戦から一か月あまりの一九七一年四月、審議《しんぎ》を始めた。

争点となったのは、アリの「良心的兵役拒否《へいえききょひ》」が、本当に信仰《しんこう》に基《もと》づき、すべての戦争に反対しているものなのか？　ということだ。

「ベトコンにうらみはない」の言葉のとおりで言えば、彼《かれ》の反戦の姿勢《しせい》は、「この戦争に関してのみ」のことではないのか？

判事《はんじ》の一人が、「ネーション・オブ・アメリカ」の指導者《しどうしゃ》の著《ちょ》書《しょ》を読んでみた。そこには、「信仰《しんこう》に基《もと》づきあらゆる戦争に反対する」とはっきり書かれていた。

それならば、アリは「すべての戦争に反対している」と考えてもいい。少なくとも、「そうは考えていない」という証拠《しょうこ》はない。判事《はんじ》はその意見を提出《ていしゅつ》した。

一九七一年四月、アメリカの戦死者は、五万人を超《こ》えた。ワシントンの反戦集会には、三十万から五十万人という人びとが参加した。

その年の六月十三日。アメリカ大手の新聞『ニューヨーク・タイムズ』に、世界を驚《おどろ》かす記事が掲載《けいさい》された。

アメリカの北ベトナム爆撃《ばくげき》のきっかけとなった「トンキン湾《わん》事件《じけん》」[*1]は、アメリカ軍が北ベトナムを攻撃《こうげき》する口実として、仕組んだものだった、と暴露《ばくろ》したのだ。

＊1 トンキン湾《わん》事件《じけん》…62ページ本文参照《さんしょう》。

アメリカには正義《せいぎ》がない。それをアメリカ国民と全世界が知ることとなった。

それから二週間あまりの後の六月二十八日。連邦《れんぽう》最高裁判所《さいばんしょ》での判決《はんけつ》が下される日となった。

アリはシカゴにいた。裁判所《さいばんしょ》には、代理人として弁護士《べんごし》が出席していた。

アリはその日、一人で車を走らせていた。いつも家族やマネージャーに囲《かこ》まれているアリだが、この日は一人になりたかった。

(おれ、ついに刑務所暮《けいむしょぐ》らしか――?)

覚悟《かくご》を決めていたことではある。が、のどがからからだ。彼《かれ》は小さな食料品店に立《た》ち寄《よ》り、オレンジジュースを買った。車に戻《もど》りかけたとき、店主が飛び出してきた。

「ミスター・アリ! 今、あんたのことをラジオで言ってたぞ!

あんたは無罪《むざい》だ、無罪《むざい》！」

連邦《れんぽう》最高裁判所《さいばんしょ》で、アリの無罪《むざい》が確定《かくてい》したというのだ。八人の判事《はんじ》全員一致《いっち》の判決《はんけつ》だった。

アリは、ぽかんと突《つ》っ立《た》ったままだった。自分の耳が信じられなかった。

（え――と……おれ、自由の身になったってことか？）

自分をしばりつけていた鎖《くさり》がはずれ、滞《とどこお》っていた血流が、手足にじわじわと流れだす。

店主がハグしてくれた。居合《いあ》わせた客たちが、大きな拍手《はくしゅ》を送ってくれた。

アリは大きく息をついて天をあおぎ、ほほえんだ。

「ありがとう！　よかったら、みんなにおごらせてくれ。」

アリは、オレンジジュースを全員にふるまい、乾杯《かんぱい》した。

ホテルに戻《もど》るとすでに報道陣《ほうどうじん》がつめかけていた。

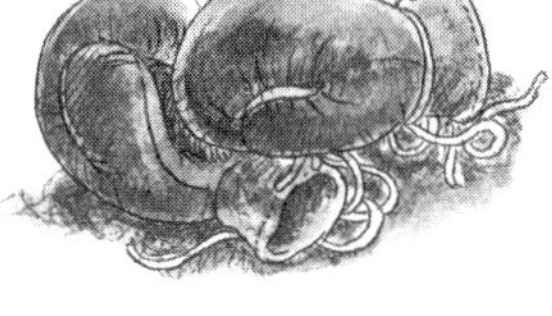

ある記者が質問《しつもん》した。

「三年半も、ボクサーとしてのキャリアを奪《うば》われたわけですが、国に損害賠償《そんがいばいしょう》を求めますか?」

アリの胸《むね》に、この三年半のことがよみがえった。

遠ざけられたリング。チャンピオンはおれだ! と言えないくやしさ。ひどいバッシング。でも——。

彼《かれ》はゆっくり首をふった。

「いいや。裁判所《さいばんしょ》は、合衆国《がっしゅうこく》は、正しいと思ったことをしたんだろう。

おれもそうさ。正しいと思ったことをしただけだよ。」

❖奇跡《きせき》

「もっと打てよ、本気で当ててこい!」

アリは、スパーリングで相手にそう命じた。

「頭をねらえ。手加減《てかげん》するな。」

彼《かれ》はカムバック後の三試合で確信《かくしん》したことがあった。

それは、打たれ強いということ。連打でも、一撃《いちげき》でダウンするような強烈《きょうれつ》なパンチをくらっても、すぐに回復《かいふく》して試合が続けられる自信がついたのだ。

以前のアリは、フットワークが軽く、パンチをよけることができた。そのため、強打を浴びることが少なく、気がつかなかったことだった。

(もっともっと打たれ強くなるためには、痛《いた》みに慣《な》れることだ。どんなパンチを浴びても屁《へ》でもない、というふうにな。)

だが、そんなきたえ方がどれほど危険《きけん》なことか、アリにはまだわかっていなかった。

これまでの空白を埋《う》めるように、驚《おどろ》くような速さでアリは試合を行った。一か月か二か月に一回というハイペースだった。

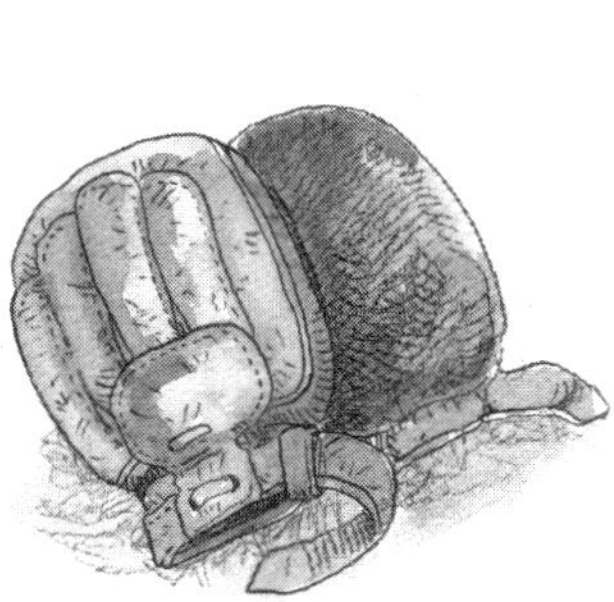

日本で行われた試合もある。

一九七二年、東京《とうきょう》・武道館《ぶどうかん》でマック・フォスターと試合をし、三対〇という判定《はんてい》で勝利した。

（ジョー・フレイジャー！　待っててくれ。おれはおまえから、チャンピオンのタイトルを取《と》り戻《もど》す！）

だが、フレイジャーはチャンピオンの座《ざ》から転落した。一九七三年、ジョージ・フォアマンに敗北したのだ。

（なんてことだ！

おれが最強であることを証明《しょうめい》するにはフレイジャーとフォアマン、この二人と戦わなくてはならないのか！）

アリは、フレイジャー戦で負けたあと十連勝していた。

が、一九七三年にケン・ノートンに敗北し、あごの骨《ほね》をくだかれるという大けがを負った。そのノートンをも、翌年《よくねん》フォアマンが倒《たお》した。

一九七四年、十月。

アリはジョージ・フォアマンとのタイトル戦にのぞんだ。

フォアマンは四十戦全勝、そのうちKO《ケーオー》勝ちが三十七回という、強打の持ち主だった。

試合会場は、アフリカのザイール[*1]（現在《げんざい》のコンゴ民主共和国《みんしゅきょうわこく》）の首都、キンシャサだ。アリはこれまでと同じように、フォアマンをののしった。

「のろまなチンピラ！」

そんな挑発《ちょうはつ》をよそに、スポーツ記者やボクシング・ファンたちは、だれもがフォアマンの勝ちを予想していた。

「今度こそ、アリは立ち上がれないだろう。」

アリはすでに三十二歳《さい》。二十代のころの動きとまるで違《ちが》うことは、だれの目にも明らかだった。

試合が始まった。

＊1　ザイール…現《げん》コンゴ民《みん》主共和国《しゅきょうわこく》。アフリカ中央部にある国（140ページの地図参照《さんしょう》）。

ラウンドの初めこそ激《はげ》しく打ち合っていたが、アリは中盤《ちゅうばん》から「ロープ・ア・ドープ」、ロープにもたれる作戦に出た。体力を保《たも》ち、両腕《りょううで》でパンチを防《ふせ》ぎ、相手を疲《つか》れさせる。しかしそれでも強烈《きょうれつ》なパンチを浴びる。

だがアリには自信があった。

（おれはタフなんだ。倒《たお》れるもんか。必ず回復《かいふく》してチャンスをとらえる！）

残り三十秒というころ、アリの反撃《はんげき》が始まる。鋭《するど》いパンチがフォアマンを正確《せいかく》にとらえていく。

八ラウンド終盤《しゅうばん》になると、フォアマンは疲《つか》れて、パンチは弱弱しいものとなった。空振《からぶ》りも多い。

アリはチャンスを逃《のが》さなかった。かつてのスピードを取《と》り戻《もど》したかのよう、「ハチが刺《さ》すような」パンチを、左、右、左、とたたきこんだ。

フォアマンは数歩よろめいた。

そして、リングに転がった。

立ち上がることはなかった。

「アリ！」

「アリ！」

「アリ！」

会場の中はもちろん、スタジアムの外でもアフリカの人びとが大《だい》群衆《ぐんしゅう》となり、同じ肌《はだ》の英雄《えいゆう》をたたえた。

アリがチャンピオンの座《ざ》を奪《うば》い返《かえ》したこの試合は、「キンシャサの奇跡《きせき》」と呼《よ》ばれた。

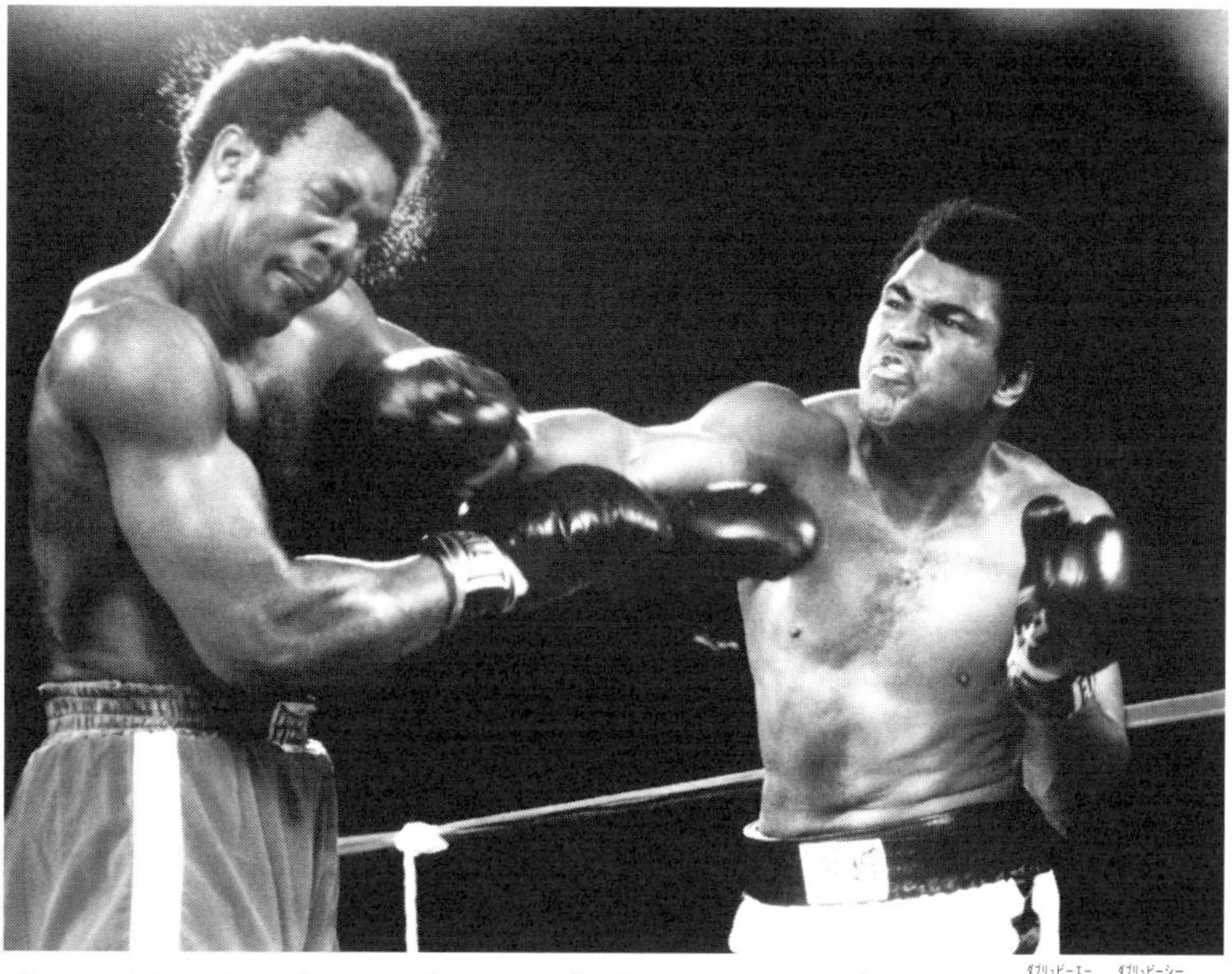

1974年10月30日、ザイールのキンシャサ「5月30日スタジアム」で行われたWBA《ダブリュビーエー》・WBC《ダブリュビーシー》世界統一ヘビー級タイトルマッチ。挑戦者のアリ（右）がチャンピオンのフォアマン（左）に逆転《ぎゃくてん》KO《ケーオー》で勝利して「キンシャサの奇跡」と呼《よ》ばれた。（写真：アフロ）

帰国すると、アリは熱狂的《ねっきょうてき》な歓迎《かんげい》を受けた。アメリカのヒーローであり、カリスマ*1だ。

黒人は、自分の肌《はだ》の色に誇《ほこ》りをいだくことができた。白人少年も、自分の部屋にアリのポスターを貼《は》った。

ジェラルド・フォード大統領《だいとうりょう》に招《まね》かれ、ホワイトハウス*2で懇《こん》談《だん》もした。かつて自分を刑務所《けいむしょ》に送ろうとした「国家」、その最高権力者《けんりょくしゃ》からの謝罪《しゃざい》と考えていいだろう。

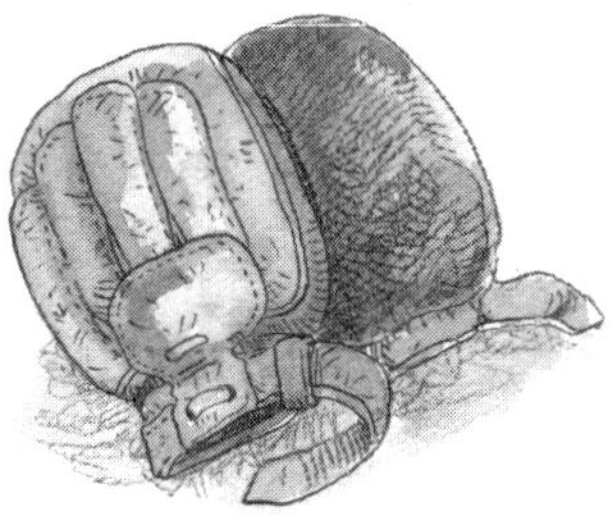

*1 カリスマ…人びとを心酔《しんすい》させ、従《したが》わせる能力《のうりょく》。また、そのような資質《ししつ》を持った人。

*2 ホワイトハウス…アメリカ合衆国大統領《がっしゅうこくだいとうりょう》の公邸《こうてい》。ワシントンD.C.《ディーシー》にある。

第五章 グレーテスト

❖悲劇《ひげき》は終わらない

一九七三年一月。ベトナム戦争は、ようやく終結に向かった。パリで「ベトナムにおける戦争終結と平和回復《かいふく》に関する協定」（ベトナム和平協定）が調印されたのだ。ベトナム民主共和《みんしゅきょうわ》国《こく》（北ベトナム）、ベトナム共和国《きょうわこく》（南ベトナム）、南ベトナム共和国臨時革命政府《きょうわこくりんじかくめいせいふ》、アメリカ合衆国《がっしゅうこく》の間で交《か》わされた協定だ。

ついにアメリカ軍は撤退《てったい》を始めた。「ゾウとアリの戦い」といわれ、早い段階《だんかい》で決着がつくと思われた戦争だった。

しかし、超大国《ちょうたいこく》アメリカは勝てなかった。北ベトナムと解放《かいほう》民族戦線《みんぞくせんせん》は、負けなかった。戦争で一度も負けたことのないアメリカにとって、初めての挫折《ざせつ》だった。

北ベトナムと南ベトナム間での戦争が完全に終わったのは、一九七五年四月のこと。南ベトナム側が無条件降伏《むじょうけんこうふく》をしたのだ。南ベトナム大統領官邸《だいとうりょうかんてい》に、北ベトナム軍が突入《とつにゅう》し、屋根に北ベトナムの金色の星の国旗《こっき》がひるがえった。トンキン湾事件《わんじけん》から十一年も過《す》ぎていた。

ワシントンの官庁《かんちょう》は、ひっそりとその日を迎《むか》えた。しかし街なかでは、若《わか》い人びとが笑顔《えがお》で戦争の終結を祝っていた。

翌年《よくねん》、南北ベトナムが統一《とういつ》され、ベトナム社会主義共和国《しゃかいしゅぎきょうわこく》となった。

アメリカ軍兵士《へいし》の数は、激戦期《げきせんき》だった一九六八年に五十四万人。戦死者は五万八千人となった。しかし、ベトナム人の戦死者は、兵士《へいし》百三十万人、民間人二百万人という、けた違《ちが》いの数だ。子どもたちの犠牲者《ぎせいしゃ》も多い。

除草剤《じょそうざい》による被害《ひがい》も大きな問題となった。散布《さんぷ》されたのは約七万トン以上というばく大な量で、含《ふく》まれていた猛毒《もうどく》のダイオキシン[*1]は百六十八キログラム以上。薬剤《やくざい》を浴びたり、汚染《おせん》された水を飲むなどで、二百万人から四百万人がガンや皮膚炎《ひふえん》で苦しんだ。うち亡《な》くなった人は十万人。障害《しょうがい》や病気を抱《かか》えて生まれてきた子どもは十五万人以上といわれる。マングローブ林[*2]の四十％、ジャングルの十二％が砂漠化《さばくか》した。

また、ベトナムから逃《のが》れて難民《なんみん》となった人びとは、八十万人という。

戦争は、戦闘《せんとう》がなければ終わり、とはならない。

その後何年、何十年にもわたり、人びとは苦しみや悲しみをかかえたまま、生きなければならない。枯《か》れはて砂漠《さばく》となった森林や田畑とともに。

＊1　ダイオキシン…ゴミエ場でプラスチックを燃《も》やしたときなどに出る化学物質《ぶっしつ》。

＊2　マングローブ…海水と淡水《たんすい》が入り交じる沿岸《えんがん》に生育する植物群の総称《そうしょう》。

三度目の王座《おうざ》

その後、アリは若手《わかて》選手のようなペースで十試合をこなし、すべてに勝利してチャンピオンの座《ざ》を守った。

そのなかには、宿命のライバルといえるジョー・フレイジャーとの第三戦や、かつてあごを砕《くだ》かれたケン・ノートンとの第三戦もあった。

しかし、アリの体重は百キロを超《こ》え、デビュー時よりも二十キロ近く重くなっていた。当然、動きも鈍《にぶ》くなった。

アリはいつ引退《いんたい》するのか？　そんな声がささやかれた。

一九七六年六月、アリは新しい戦いに挑《いど》んだ。日本の有名プロレスラーであるアントニオ猪木《いのき》[*1]との「異種格闘技《いしゅかくとうぎ》」[*2]だ。

試合のルールは、猪木《いのき》にとって制約《せいやく》の多いものとなった。ひざげりや腰《こし》より下をなぐることは禁止《きんし》。キックするときは、片《かた》ひざをマットにつけた状態《じょうたい》で。これでは、プロレスの技《わざ》を出す

＊1 アントニオ猪木《いのき》（一九四三～二〇二二年）…プロレス団体《だんたい》「新日本プロレス」を旗揚《はたあ》げし、数多くの試合で活躍《かつやく》したプロレスラー。

＊2 異種格闘技《いしゅかくとうぎ》…異《こと》なる格《かく》闘技《とうぎ》の選手同士《どうし》による対戦のこと。

1976年、モハメド・アリ対アントニオ猪木《いのき》の異種格闘技《いしゅかくとうぎ》戦。（写真：アフロ）

ことはなかなかできず、猪木《いのき》の動きは封《ふう》じられたといえる。

一方のアリは、ボクシングのルールで戦う。

試合は、猪木《いのき》がマットに寝《ね》ころんだまま、足を繰《く》り出《だ》してアリの足をキックするだけというものになった。

相手が寝《ね》ころんでいては、パンチの出《だ》しようがない。

「立て！　立てよ！　立つんだ！」

アリは猪木《いのき》のまわりをはね回りながら叫《さけ》び、挑発《ちょうはつ》した。

しかし、猪木《いのき》が立ち上がってアリに真《ま》っ向《こう》から向き合うことはなかった。

この夜、アリが出したパンチはたったの六発で、猪木《いのき》に当たったのは二発。ジャッジは引き分けとなった。

両者ともに、そして観客にとっても、満足のいく試合からは遠かった。アリの両足は、猪木《いのき》のキックによって傷《きず》つき、内出血していた。

そんなことがあっても、アリの人気はおとろえなかった。「モハメド・アリの冒険《ぼうけん》」というアニメが放送され、アリがテーマの「ブラック・スーパーマン」という曲が作られた。

一九七八年二月、アリはレオン・スピンクスの挑戦《ちょうせん》を受け、タイトルを失った。

だが、アリは引退《いんたい》しなかった。

「なぜ?」と問われるなら、「そこにタイトルがあるからさ」と答えた。

「おれは、チャンピオンの座《ざ》に三回ついた、最初のボクサーになりたいんだ。」

リターン・マッチが、その年のうちに行われた。

激《はげ》しい打ち合いになることはなく、ダメージも大きくはなく、両者ともノックダウンにはいたらなかった。勝負は判定《はんてい》にもつれこみ、審判員《しんぱんいん》が高々と上げたのは、アリの腕《うで》だった。

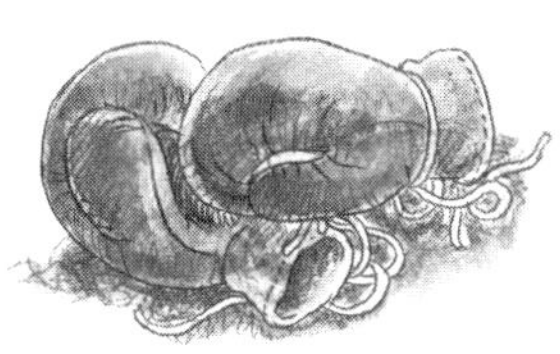

アリは、世界で初めて三度目の王座《おうざ》に返《かえ》り咲《ざ》いた。

しかし、その後の二試合に敗北し、リングから静かに消えていった。

❖パンチ・ドランク

引退《いんたい》したアリは、イスラム教信者として祈《いの》りをささげる日々のかたわら、世界中を旅した。このころには、すっかり飛行機恐怖症《きょうふしょう》を克服《こくふく》していた。講演会《こうえんかい》で話をし、いろいろなイベントに出席した。サインや写真撮影《さつえい》を求める人びとの列がどんなに長くても、アリは笑顔《えがお》で応《おう》じた。

アリのもとへは、いろいろな客がやってきた。彼《かれ》はハンカチやひもを使った簡単《かんたん》な手品をたびたび披露《ひろう》した。いくつになっても、人を驚《おどろ》かせたり笑《わら》わせたりするのが好きだったのだ。

引退後《いんたい》に結婚《けっこん》した四人目の妻《つま》、ロニーはそんな彼《かれ》をしっかりと支《ささ》えた。

アリは、多くの慈善団体《じぜんだんたい》に寄付《きふ》を行った。

若《わか》いころから、困《こま》っている人を見かけると放っておけなかった。仕事をなくして食《く》い詰《つ》めた人が頼《たよ》ってくると、服を買ってやり仕事を見つけてやっていた。

ビルの九階《かい》から飛《と》び降《お》りようとしている男を、助けたこともある。ベトナム戦争から戻《もど》ってきた兵士《へいし》で、戦闘《せんとう》のために心を病《や》み、自殺《じさつ》しようとしていたのだ。アリは優《やさ》しく話しかけながら少しずつ近づき、両手で抱《だ》きかかえて安全なところに連《つ》れ戻《もど》した。

アリの大ファンだという白血病《はっけつびょう》*1の少年が、父親に連れられて会いに来たこともある。普通《ふつう》の有名人なら、握手《あくしゅ》をしてサインを渡《わた》すくらいだろう。だがアリは家に招《まね》き入《い》れ、午後いっぱいその少年といっしょに過《す》ごし、おしゃべりし手品を見せ、遊ん

*1 白血病《はっけつびょう》…血液のがんで、白血球系細胞《はっけっきゅうけいさいぼう》が無限《むげん》に増《ぞう》加《か》する病気。

だりふざけたりしていた。

そんなアリに、さらに大きな役回りが与《あた》えられるようになった。「国際貢献《こくさいこうけん》」だ。「地球規模《きぼ》」の知名度を期待されてのことだ。現役《げんえき》時代の一九七八年には、モスクワを訪《おとず》れ、ソ連《れん》の元首、ブレジネフ[*1]と会見したこともある。

一九九〇年十一月、アリはイラクに飛んだ。

その夏、イラクが隣国《りんごく》のクウェートに攻《せ》め入《い》ったことで、湾岸《わんがん》戦争[*2]が始まっていた。アメリカ人三百人ほどがイラクの人質《ひとじち》となっていて、アメリカ政府《せいふ》は彼《かれ》らを救出《きゅうしゅつ》しようとした。

その交渉《こうしょう》の使節団《しせつだん》に、アリが加わったのだ。使節団《しせつだん》は、イラクのフセイン[*3]大統領《だいとうりょう》と会談した。アリはほぼ無言だったが、その存在感《そんざいかん》は大きかった。アリは十日間イラクに滞在《たいざい》し、フセイン大統領《だいとうりょう》は十五人のアメリカ人を解放《かいほう》した。

＊1 レオニード・ブレジネフ（一九〇六～一九八二年）…ソ連《れん》の共産党第一書記。チェコスロヴァキアの民主化を阻止《そし》するなど、国内外の自由化を抑圧《よくあつ》した。

＊2 湾岸《わんがん》戦争…一九九一年、イラクのクウェート侵攻《しんこう》に対して、多国籍軍《たこくせきぐん》が派遣《はけん》された戦争。

＊3 サダム・フセイン（一九三七～二〇〇六年）…イラク共和国大統領《だいとうりょう》。就任《しゅうにん》後、イラン＝イラク戦争・クウェート侵攻《しんこう》・湾岸《わんがん》戦争を行って独裁体制《どくさいたいせい》を強めた。

一九九六年夏。アメリカのアトランタでオリンピックが開催《かいさい》された。

開会式は七月一九日。聖火《せいか》リレーはいよいよクライマックスを迎《むか》え、オリンピックスタジアムでの最終点灯者《てんとうしゃ》を残すのみとなった。だれが最終点灯者《てんとうしゃ》であるかは、明かされておらず、世界中が注目していた。

聖火《せいか》を手にしたランナーが、聖火台《せいかだい》に近づいた。暗闇《くらやみ》の中から、最終点灯者《てんとうしゃ》が現《あらわ》れた。白いスポーツウエア、がっしりとした長身。スタジアムじゅうがどよめいた。

「モハメド・アリだ！」

観客が、そしてテレビの前の世界中の人びとが、歓声《かんせい》をあげた。五十四歳《さい》となったアリの姿《すがた》だった。

「アリ！」

「アリ！」

「アリ！」

アリの右手には、点火用のトーチがにぎられていた。そして左手は、ぶるぶるとふるえていた。

それは、緊張《きんちょう》のためではなかった。


アリは、長年[*1]パーキンソン症候群《しょうこうぐん》に苦しめられていた。

パーキンソン症候群《しょうこうぐん》は、動作が遅《おそ》くなる、歩幅《ほはば》が小さくなる、手足がふるえる、声が小さくなり舌《した》がもつれる、顔の表情《ひょうじょう》が失われる、などの症状《しょうじょう》が現《あらわ》れる。

ボクサーの場合、主に頭に数多くのパンチを受け続けた結果、「パンチドランク」（パンチに酔《よ》う）とも呼《よ》ばれているスポーツ障害《しょうがい》を引き起こし、その後「パーキンソン症候群《しょうこうぐん》」となることが多い。

アリは、パンチを受けすぎていた。かつてはスピードを誇《ほこ》っ

＊1 パーキンソン症候群《しょうこうぐん》…パーキンソン病《びょう》とよく似《に》た症状《しょうじょう》の病気。

ていたアリだが、カムバック後はタフさを誇《ほこ》るようになってい
た。どれだけパンチを受けても、最後までリングに立っている
のは、自分だ、と。試合ではロープにもたれて相手のパンチを
誘《さそ》い、スパーリングでは、相手に頭を強打させる危険《きけん》なトレー
ニングを繰《く》り返《かえ》していた。打たれることで、さらに打たれ強く
なると考えていた。受けたパンチは、何万発におよぶだろうか。
彼《かれ》は一九七五年のジョー・フレイジャーとの第三戦後あたり
から、まず言語障害《しょうがい》が現《あらわ》れるようになっていた。
けれどもアリは、その「脳《のう》からの悲鳴」を無視《むし》した。彼《かれ》は自
分を信じていた。信じすぎていた。

❖伝説のように

アリの右手のトーチ＊2に、最終ランナーから火が移《うつ》された。ア
リはトーチをかかげ、ゆっくりと着火装置《そうち》に向かった。

＊2　トーチ…たいまつ。

その足どりには、かつてのチャンピオンの面影《おもかげ》はなかった。

ふるえをおさえるように、両手でトーチをにぎり、身をかがめて着火装置《そうち》に火を移《うつ》そうとする。しかし、手がうまく動かないのか、なかなか着火しない。

静まりかえったスタジアム。世界中が息をつめて見守るなか、ついに火が燃え上がった。

「アリ！」

「アリ！」

「アリ！」

歓声《かんせい》は、アトランタの空から世界へと響《ひび》きわたった。

ふるえる手、ぎこちない足取りを、アリは世界中にさらした。

その勇気は、病気と向き合う人びと、障害《しょうがい》のある人びとに、希望の灯《あか》りをともしたのだった。

彼《かれ》は今もグレーテスト、最高に偉大《いだい》だ、と。

1996 年、アトランタ・オリンピック開会式。聖火《せいか》ランナーの最終走者から聖火《せいか》を引《ひ》き継《つ》いで、ふるえる手で聖火台《せいかだい》に点火し、観客の声援《せいえん》に応えるアリ。世界中にテレビで生中継された。

（写真：アフロ）

２００２年11月。国連平和大使として、アフガニスタンの難民《なんみん》キャンプを訪問《ほうもん》したアリ。難民《なんみん》の子どもたちとふれあったり、スパーリングを披露《ひろう》したりした。（写真：アフロ）

一九九八年、アリは国連平和大使[*1]に任命《にんめい》された。二〇〇五年には、[*2]大統領《だいとうりょう》自由勲章《くんしょう》を受章《じゅしょう》した。これはアメリカで民間人に与《あた》えられる最高の勲章《くんしょう》だ。同じ年にドイツ国連協会から、「[*3]オットー・ハーン平和メダル」が与《あた》えられた。平和と人道主義《しゅぎ》の活動をたたえるものだった。

二〇一六年、六月二日。アリは呼吸器《こきゅうき》の感染症《かんせんしょう》で入院した。翌《よく》三日、妻《つま》のロニーや子どもたちが見守るなか、彼《かれ》は[*4]敗血症《はいけつしょう》でこの世を去った。七十四歳《さい》だった。

ニュースは世界中を駆《か》けめぐった。アメリカのバラク・オバマ大統領《だいとうりょう》は、「一歩も引かず、正しいことのために戦った、最も偉大《いだい》な人だった」とその死を悼《いた》んだ。

葬儀《そうぎ》は盛大《せいだい》だった。二万人以上の人が、葬儀《そうぎ》会場である故郷《こきょう》のルイヴィルに集まった。

＊1　国連平和大使…国連ピース・メッセンジャー。国連の活動をアピールする役目を負う。

＊2　大統領《だいとうりょう》自由勲章《くんしょう》…世界平和の推進《すいしん》などに貢献《こうけん》した人に贈《おく》られる勲章《くんしょう》。

＊3　オットー・ハーン平和メダル…平和と国際理解《こくさいりかい》のための特別な活動をした人や組織《そしき》に贈《おく》られる賞《しょう》。

＊4　敗血症《はいけつしょう》…細菌《さいきん》などの病原体《びょうげんたい》に感染《かんせん》し、体がその病原体《びょうげんたい》に過剰《かじょう》に反応することで起こるさまざまな状態《じょうたい》のことで、全身性炎症《ぜんしんせいえんしょう》反応症候群《しょうこうぐん》ともいう。

クリントン元大統領《だいとうりょう》や、かつてキンシャサで戦ったライバル、ジョージ・フォアマンもかけつけた。

俳優《はいゆう》で政治家《せいじか》のアーノルド・シュワルツェネッガーや、「ハリー・ポッター」シリーズ作家のJ《ジェイ》・K《ケイ》・ローリング、歌手のマライア・キャリーなど、著名人《ちょめいじん》が続々と、そしてアントニオ猪木《いのき》も、追悼《ついとう》のコメントを発表した。

アリと猪木《いのき》とは、異種格闘技戦《いしゅかくとうぎせん》後、友情《ゆうじょう》をはぐくんでいた。

猪木《いのき》がプロレスのリングに登場する時の入場テーマ曲「炎《ほのお》のファイター～INOKI BOM-BA-YE～（※1イノキ ボンバイエ）」は、アリから贈《おく》られたものだった。

＊1 イノキ ボンバイエ…元はアリの伝記映画『アリ ザ・グレーテスト』の挿入曲《そうにゅうか》（マイケル・マッサー作曲）。

一九六〇年代は、アメリカ合衆国《がっしゅうこく》の激動《げきどう》の時代だ。公民権《こうみんけん》運動が盛《さか》んになり、ベトナム戦争があった。それは、アリがボクサーとして活躍《かつやく》した時期とぴったり重なっていた。

そのなかで、アメリカ社会に抗議《こうぎ》をして、志《こころざし》なかばで倒《たお》れた黒人指導者《しどうしゃ》もいた。

「ネーション・オブ・アメリカ」で指導的《しどうてき》立場にいて、アリと親しかったマルコムX《エックス》。彼《かれ》は、一九六五年、三九歳《さい》で暗殺《あんさつ》された。

公民権《こうみんけん》運動、そして反戦運動を行ったマーティン・ルーサー・キング・ジュニア牧師《ぼくし》は、一九六八年、やはり三九歳《さい》のときに暗殺《あんさつ》された。

だが、モハメド・アリは、生きた。

黒人でも自らの意志《いし》を貫《つらぬ》くことができると証明《しょうめい》した。白人中心の社会に抗議《こうぎ》し、戦い、勝利した、アメリカ史上《しじょう》最初の黒人といえるだろう。

黒人奴隷《どれい》の子孫であり、イスラム教に改宗《かいしゅう》した人。

二十世紀最高のアスリート、そして世界のヒーロー。

選手生命を絶《た》たれかけても信念を曲げず、反戦を貫《つらぬ》きアメリカに変革《へんかく》をもたらした人。

モハメド・アリの名は、今も伝説となって語《かた》り継《つ》がれている。

（終わり）

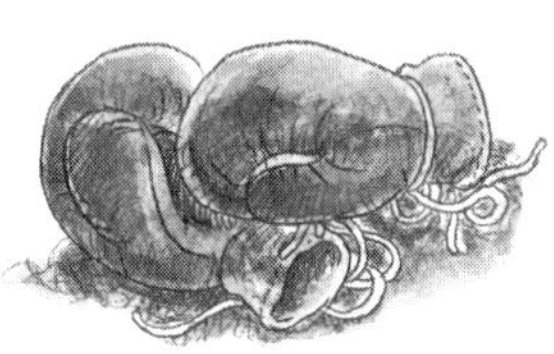

もっと よくわかる!

モハメド・アリ

ベトナム戦争反対を訴《うった》えたモハメド・アリとはどんな人物だったのか、くわしく見てみましょう。

俺《おれ》はグレート(偉大《いだい》)だ!

(モハメド・アリがつねに口にした言葉)

モハメド・アリって
どんな人？

お話の中には出てこなかった、モハメド・アリの素顔《すがお》を見てみましょう。

父親の絵が大好きで絵描《えか》きになりたかった

モハメド・アリの父親の職業《しょくぎょう》は、看板絵《かんばんえ》の絵描《えか》きでしたが、自分のことを芸術家《げいじゅつか》だと言っていました。

アリが幼《おさな》いころ、父親は子どもたちを仕事場に連れて行き、絵を見せていました。アリは父親の絵が大好きで、自分も父親のような絵描《えか》きになりたいと言っていたそうです。

わざと大口をたたいて観客を増《ふ》やした。

アリは、試合前のテレビの記者会見でつねに大口をたたき、自分の強さを誇示《こじ》したり、対戦相手をののしったりしていました。

このことについて、アリ本人はのちに、「注目を集めて観客を増《ふ》やすためにわざとやっていた」と語っています。

実際《じっさい》に、アリの試合を見るために多くの観客がつめかけ、ボクシング人気が高まりました。そして、アリの登場によって、それまで安かったボクサーのファイトマネー（収入《しゅうにゅう》）が高くなったそうです。

何度も結婚《けっこん》をし、子どもたちを大切にした

アリは、二十二歳《さい》で世界ヘビー級統一《とういつ》王者となった年に、最初の結婚《けっこん》をしました。ところがアリがイスラム教に改宗したことが原因《げんいん》で、二人は二年後に離婚《りこん》しました。

その翌年《よくねん》、アリは二人目の妻《つま》と結《け》婚《こん》し、四人の子どもが生まれました。

さらにその後、アリは二度結婚《けっこん》し、合計で娘《むすめ》七人、息子二人をもうけました。

結婚《けっこん》と離婚《りこん》を繰《く》り返《かえ》したアリですが、子どもたちに対する愛情《あいじょう》は深く、とても大切にしたそうです。

娘《むすめ》の一人、レイラ・アリがプロボクサーになったとき、アリは反対しましたが、のちには認めてその活躍を見守るようになりました。

さまざまな人種や年齢《ねんれい》の異《こと》なる友達がいた

アリは、さまざまな人種や宗教《しゅうきょう》、年齢《ねんれい》の異《こと》なる人たちを愛しました。

黒人歌手のマイケル・ジャクソンや白人の俳優《はいゆう》兼《けん》映画《えいが》監督《かんとく》のクリント・イーストウッドなど、多くの有名人がよく家に遊びに来たそうです。

娘《むすめ》の証言《しょうげん》によると、道ばたで飢《う》えていた貧《まず》しい人を家に連れて帰り、食事をさせてあげたこともあったそうです。

アリの葬儀《そうぎ》は、二〇一六年六月九日と十日の二日間にわたって盛大《せいだい》に行われました。

そして葬儀《そうぎ》には、元《もと》大統領《だいとうりょう》ビル・クリントンやライバルで「キンサシャの奇跡《きせき》」を戦ったジョージ・フォアマンなど全米《ぜんべい》からたくさんの有名人がつめかけました。

モハメド・アリに関わった人びと

アリの生涯《しょうがい》に関わった人物をくわしく見てみましょう。

マルコムX《エックス》

(1925 ～ 1965)

黒人解放《かいほう》運動の指《し》導《どう》者《しゃ》

一九五〇～六〇年代前半に、アメリカ合衆国《がっしゅうこく》の黒人解放《かいほう》運動を指《し》導《どう》したリーダーの一人。イスラム教団体《だんたい》「ネーション・オブ・イスラム」を代表して、黒人差別を攻撃的《こうげきてき》に批判《ひはん》しました。

のちに教団《きょうだん》と対立すると、教団《きょうだん》の信者によって暗殺《あんさつ》されました。

キング牧師《ぼくし》

(1929 ～ 1968)

公《こう》民《みん》権《けん》運動の指《し》導《どう》者《しゃ》

アメリカ公民権《こうみんけん》運動の指導者《しどうしゃ》で、本名はマーティン・ルーサー・キング・ジュニア。黒人による暴力《ぼうりょく》的《てき》な抵抗《ていこう》運動に反対。非暴力《ひぼうりょく》による黒人の公民権獲得《こうみんけんかくとく》を訴《うった》えました。

一九六四年にノーベル平和賞《へいわしょう》を受賞《じゅしょう》しましたが、その4年後に白人男性《だんせい》によって暗殺《あんさつ》されました。

ソニー・リストン

(1932 ～ 1970)

史上《しじょう》最強のヘビー級王者

アメリカ合衆国《がっしゅうこく》アーカンソー州出身のプロボクサー。

一九六三年、WBA《ダブリュービーエー》とWBC《ダブリュービーシー》の二団体《だんたい》の世界ヘビー級統一《とういつ》王者となり、当時、「史上《しじょう》最強」と呼《よ》ばれましたが、一九六四年、二十二歳《さい》のカシアス・クレイ（モハメド・アリ）と対戦して敗れました。

アリを初めて倒《たお》した世界ヘビー級統一《とういつ》王者

ジョー・フレイジャー

（1944～2011）

アメリカ合衆国《がっしゅうこく》サウスカロライナ州出身のプロボクサー。一九七〇年、二十四戦全勝で世界ヘビー級統一《とういつ》王者となり、翌年《よくねん》、三十一戦全勝の元王者モハメド・アリとの「世紀《せいき》の一戦」で、アリに初めての敗北を与《あた》えました。

その後、アリと二度タイトルマッチを戦いましたが、二度とも勝つことはできませんでした。

「キンシャサの奇跡《きせき》」を戦ったライバル

ジョージ・フォアマン

（1949～）

アメリカ合衆国《がっしゅうこく》テキサス州出身のプロボクサー。一九七三年にジョー・フレイジャーを倒《たお》して世界ヘビー級統一王座《とういつおうざ》に着きました。

翌年《よくねん》、ザイール※のキンシャサで約三年半ぶりに統一《とういつ》王者戦に復帰《ふっき》したアリと対戦して敗北。この試合は、三十二歳《さい》のアリが当時最強のフォアマンを倒《たお》したことで「キンシャサの奇跡《きせき》」と呼《よ》ばれました。

異種格闘技戦《いしゅかくとうぎせん》を戦ったプロレスラー

アントニオ猪木《いのき》

（1943～2022）

神奈川県出身のプロレスラー。一九六〇年にプロレスデビューし、その後、一九六七年に新団体《しんだんたい》の新日本プロレスを創設《そうせつ》しました。

一九七六年、モハメド・アリと異種格闘技戦《いしゅかくとうぎせん》を行いました。以来、二人は交友を続け、猪木《いのき》の引退式《いんたいしき》には、病《やまい》をおしてアメリカからかけつけたアリが、リング上で花束を贈《おく》りました。

※現コンゴ民主共和国

モハメド・アリの名言

モハメド・アリがのこした名言を見てみましょう。

私《わたし》はベトコンにうらみはない。
いかなる理由が
あろうとも、
殺人《さつじん》に加担《かたん》する
ことはできない。
神の教えに背《そむ》くわけには
いかない。

ベトコンは、南ベトナム解放民族戦線《かいほうみんぞくせんせん》の通称《つうしょう》で、北ベトナムの支援《しえん》を受けてアメリカ軍と戦った人たちのこと。ベトナム戦争への徴兵《ちょうへい》を拒否《きょひ》したときに、その理由を述《の》べた言葉。

アリが講演《こうえん》で語った名言集

人生はボクシングに似《に》ている。問題は倒《たお》れることではなく、立ち上がろうとしないことだ。

人生で困難《こんなん》に直面した人たちに、自分の体験をもとにして応援《おうえん》の気持ちを伝えた言葉。

自分の夢《ゆめ》に恐怖《きょうふ》を感じないなら、その夢《ゆめ》は小さすぎる。

夢《ゆめ》を持つときは、その実現《じつげん》に恐怖《きょうふ》を感じるくらいの大きな夢《ゆめ》を持ちなさい、という意味の言葉。

不可能《ふかのう》とは、自らの力で世界を切り開くことを放棄《ほうき》した、臆病者《おくびょうもの》の言葉だ。

物事に挑戦《ちょうせん》する前に、「自分には不可能《ふかのう》だ」と言《い》い訳《わけ》をしている人たちを批判《ひはん》した言葉。

意志あるところに道は開ける

人生で壁《かべ》にぶつかったときに大切なのは、その人の強い意志である、という意味の言葉。

モハメド・アリ 関連地図

モハメド・アリに関係したおもな場所を地図で見てみましょう。

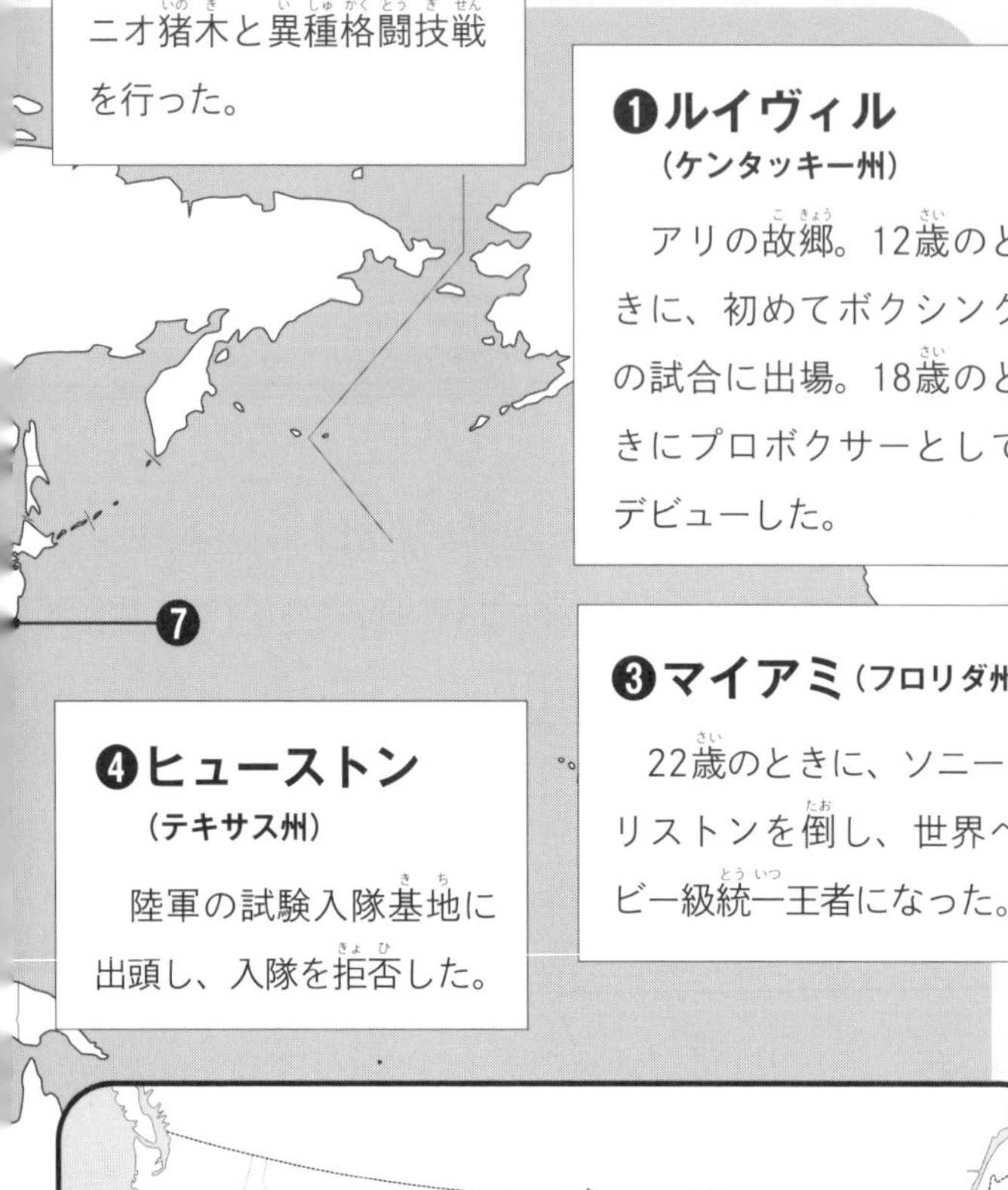

❼東京《とうきょう》（日本）

　プロレスラーのアントニオ猪木《いのき》と異種格闘技戦《いしゅかくとうぎせん》を行った。

❶ルイヴィル
（ケンタッキー州）

　アリの故郷《こきょう》。12歳《さい》のときに、初めてボクシングの試合に出場。18歳《さい》のときにプロボクサーとしてデビューした。

❸マイアミ（フロリダ州）

　22歳《さい》のときに、ソニー・リストンを倒《たお》し、世界ヘビー級統一《とういつ》王者になった。

❹ヒューストン
（テキサス州）

　陸軍の試験入隊基地《きち》に出頭し、入隊を拒否《きょひ》した。

※アメリカ主要部

❷ローマ（イタリア）

1964年に開かれたローマ・オリンピックに参加、ボクシングのライトヘビー級で金メダルを獲得《かくとく》した。

❾アフガニスタン

国連平和大使として、難民《なんみん》キャンプを訪問《ほうもん》した。

❺ニューヨーク
（ニューヨーク市）

世界ヘビー級統一《とういつ》王者のジョー・フレイジャーと戦い、敗れた。

❻キンシャサ
（ザイール／現在《げんざい》のコンゴ民主共和国）

ジョージ・フォアマンを倒《たお》し、世界ヘビー級統一《とういつ》王者に返《かえ》り咲《ざ》いた。

❽アトランタ
（ジョージア州）

アトランタ・オリンピックの開会式で、聖火《せいか》の最終点灯《てんとう》者《しゃ》を務《つと》めた。

モハメド・アリ年表

モハメド・アリの生涯《しょうがい》をたどってみましょう。

西暦《せいれき》	年齢《ねんれい》	モハメド・アリのできごと
1942年		アメリカ合衆国《がっしゅうこく》ケンタッキー州ルイヴィルに生まれる。 出生名は「カシアス・マーセラス・クレイ・ジュニア」。
1959年	17歳《さい》	全米《ぜんべい》のアマチュアボクシング大会で優勝《ゆうしょう》。
1960年	18歳《さい》	ローマ・オリンピック、ライトヘビー級で金メダル獲得《かくとく》。 プロボクサーとしてデビュー。
1964年	22歳《さい》	徴兵《ちょうへい》試験に落第し、徴兵猶予《ちょうへいゆうよ》となる。 ソニー・リストンを倒《たお》し、世界ヘビー級統一王座《とういつおうざ》を獲得《かくとく》。 イスラム教団体《だんたい》「ネーション・オブ・イスラム」の信者になったことを発表。その後、モハメド・アリと改名。
1966年	24歳《さい》	ベトナム戦争反対を表明。
1967年	25歳《さい》	陸軍の徴兵《ちょうへい》センターに出頭し、入隊を拒否《きょひ》。 ボクシングのライセンスとタイトルがはく奪《だつ》される。

社会のできごと	
1937年	日中《にっちゅう》戦争が始まる。
1939年	第二次世界大戦《だいにじせかいたいせん》が始まる。
1945年	日本が無条件降伏《むじょうけんこうふく》し、第二次世界大戦《だいにじせかいたいせん》（太平洋《たいへいよう》戦争《せんそう》）が終わる。
1951年	サンフランシスコ平和条約《じょうやく》調印。
1956年	日本が国際連合《こくさいれんごう》に加盟《かめい》。
1965年	ベトナム戦争にアメリカ軍が本格的《ほんかくてき》に参戦。

1971年	29歳《さい》	徴兵拒否《ちょうへいきょひ》によって、禁錮《きんこ》五年の有罪判決《ゆうざいはんけつ》が下される。イスラム教徒のベリンダ・ボイドと結婚《けっこん》。世界ヘビー級統一《とういつ》王者ジョー・フレイジャーと対戦し、プロとなって初めて敗北。
1974年	32歳《さい》	ジョージ・フォアマンを倒《たお》し、世界ヘビー級統一《とういつ》王者に返《かえ》り咲《ざ》く。（キンシャサの奇跡《きせき》）
1976年	34歳《さい》	東京でアントニオ猪木《いのき》との異種格闘技戦《いしゅかくとうぎせん》を戦う。
1978年	36歳《さい》	レオン・スピンクスに敗れてタイトルを失うが、再戦《さいせん》でスピンクスを倒《たお》し、三度目の世界ヘビー級王者となる。その後、現役引退《げんえきいんたい》を発表。
1980年	38歳《さい》	現役《げんえき》に復帰《ふっき》し、ラリー・ホームズと対戦するが敗北。
1981年	39歳《さい》	トレバー・バービックと対戦するが敗北。これが最後の試合となる。
1996年	54歳《さい》	アトランタ・オリンピックの開会式で聖火《せいか》の最終点灯者《てんとうしゃ》を務《つと》める。
1998年	56歳《さい》	国連平和大使に任命《にんめい》される。
2002年	60歳《さい》	国連平和大使としてアフガニスタンを訪問《ほうもん》。
2016年	74歳《さい》	呼吸器《こきゅうき》の感染症《かんせんしょう》により亡《な》くなる。

年	世界の出来事
1979年	ソ連《れん》がアフガニスタンに侵攻《しんこう》。
1991年	中東《ちゅうとう》で湾岸《わんがん》戦争が起こる。ソ連解体《れんかいたい》。
1992年	ユーゴスラビアでボスニア内戦が起きる。
1994年	アフリカ東部の内戦で大量の難民《なんみん》が発生。
2001年	テロを起こしたとして、アメリカ軍がタリバン政権《せいけん》下のアフガニスタンを攻撃《こうげき》。
2003年	イラク戦争が起こる。

NDC 289

文 / 金治 直美
新伝記
平和をもたらした人びと 6巻
モハメド・アリ

Gakken 2024 144P 21cm
ISBN 978-4-05-501412-0 C8323

新伝記 平和をもたらした人びと 6巻
モハメド・アリ

2024年4月9日 第1刷発行
発行人／土屋 徹
編集人／芳賀靖彦
編集担当／岡部文都子 寺澤 郁 渡辺雅典
発行所／株式会社Gakken
〒141-8416 東京都品川区西五反田2-11-8
印刷所／TOPPAN株式会社
製本所／株式会社難波製本

装丁・本文デザイン／荒井桂子
(@ARAI DESIGN ROOM)
イラスト／大塚洋一郎
構成・編集協力／松本義弘
（オフィス・イディオム）
写真／アフロ
校閲・校正／岩崎美穂 鈴木一馬 入澤宣幸

この本に関する各種お問い合わせ先

・本の内容については、下記サイトのお問い合わせフォームよりお願いします。
https://www.corp-gakken.co.jp/contact/
・在庫については、Tel 03-6431-1197（販売部）
・不良品（落丁、乱丁）については、
Tel 0570-000577（学研業務センター）
〒354-0045 埼玉県入間郡三芳町上富 279-1
・上記以外のお問い合わせは、
Tel 0570-056-710（学研グループ総合案内）

モハメド・アリ　徴兵をこばんだ最強のボクサー

●参考文献

『評伝モハメド・アリ　アメリカでもっとも憎まれたチャンピオン』
（ジョナサン・アイグ著　押野素子訳　岩波書店）

『モハメド・アリ　合衆国と闘った輝ける魂』
（田原八郎著 燃焼社）

『モハメド・アリ　その闘いのすべて』
（デイビッド レムニック著 佐々木純子訳　阪急コミュニケーションズ）

『モハメド・アリ　その生と時代 上下』
（トマス・ハウザー著　小林勇次訳　岩波書店）

『モハメド・アリ　リングを降りた黒い戦士』
（田中茂朗著　メディアファクトリー）